À la table de Manet

Daniel De Nève   Sophie Monneret   David Van Laer

À la table de Manet

Un art de vivre parisien

Éditions du Chêne

Vase de pivoines sur piédouche, 1864. Paris, musée d'Orsay.

Sommaire

INTRODUCTION

anet vit au siècle d'or de la gastronomie française et au cœur de son épanouissement. Rien n'est moins anecdotique que son art. Pourtant, tout un contexte de plaisirs alimentaires se révèle à travers ses natures mortes, ses scènes de genre et les portraits d'amis avec lesquels il a souvent dîné.

La peinture est un art diurne, dès que la lumière baisse, les peintres quittent l'atelier ou replient le chevalet installé en plein air. Alors commence une vie sociale riche en contacts divers. Il y a toujours des rapins pauvres pour lesquels « la pomme de terre frite est, comme le constatait une caricature de Cham, la meilleure amie de l'homme ». Mais Manet n'a pas ces problèmes et passe sans contrainte d'un bouchon banlieusard aux salons du Grand Véfour. La civilisation des cafés bat son plein, il en est une des figures de proue. C'est aussi un boulevardier impénitent à cette époque où le Boulevard brille d'un éclat sans pareil avec Tortoni, le café Anglais, le café Riche, ou la Maison d'or.

Jamais dîner en ville, au restaurant ou chez des amis, n'aura autant d'importance qu'en cette seconde moitié du XIXᵉ siècle. La gastronomie fait alors appel aux meilleurs produits des provinces, à ceux de l'étranger aussi car trois expositions universelles, en 1855, 1867 et 1878 apportent au goût français la découverte de nourritures différentes. La construction de nouvelles Halles inaugurées en 1857 a permis, sous les pavillons édifiés par Baltard, une répartition spectaculaire des viandes, légumes, poissons et fruits dont Zola tire des effets grandioses dans *Le Ventre de Paris*.

Sous le Second Empire, la presse, contrôlée politiquement, trouve l'un de ses exutoires dans le domaine du bien-manger, qu'illustrent les chroniques de Charles Monselet, un familier de Baudelaire. Un certain nombre d'ouvrages règlent également la composition des dîners donnés par cette société bourgeoise à laquelle Manet appartient. Recevoir y est un art et la qualité de la table un devoir : potages relevés, entrées, rôtis, entremets se succèdent et le thé du soir se place sous le signe de la brioche.

Interrompues par le terrible hiatus de la guerre de 1870, les voluptés de la bonne chère n'ont pas tardé à reprendre. Les grandes cocottes, Méry Laurent, Valtesse de la Bigne en font un élément majeur de leur train de vie.

L'imagination apportée à la présentation des victuailles les transforme en véritables sculptures pour les grandes réceptions privées ou officielles. Manet a dû les admirer aux fêtes données à la Chambre des députés par Gambetta. D'ailleurs, les chefs ont des âmes de peintres pour inventer la sauce aurore, et baptisent les plats en poètes. Ils leur donnent les noms de musiciens : « tournedos Rossini », de courtisanes : « pommes Anna », d'auteurs en vogue : « œufs Halévy » ou de journaux : « crêpes Gil Blas ».

Bien des restaurants et des cafés de cette époque riche d'appétits en tous genres ont depuis longtemps disparu mais les recettes de David Van Laer en restituent les subtilités culinaires. Quelques grandes tables où Manet s'est assis en compagnie de jolies femmes existent encore et son fantôme habite les bulles de leur champagne.

PLAISIRS D'ATELIERS

*Quand nous chanterons
le temps des cerises…*

Jean-Baptiste Clément

« Il s'étonnait de tout et s'amusait d'un rien » rappelle un ami de toujours, l'homme politique Antonin Proust qui fut le condisciple d'Édouard Manet au collège Rollin puis à l'atelier du peintre Thomas Couture. Ces heureuses dispositions lui valent la sympathie non seulement de ses camarades mais aussi des écrivains les plus talentueux de son temps. Charles Baudelaire, Émile Zola, Stéphane Mallarmé sont souvent invités à partager avec lui le verre de l'amitié et les nourritures exquisément fantaisistes de l'atelier.

Cet étudiant joyeux mène cependant une vie compliquée. Il lui faut attendre la mort de son père pour épouser, en 1863, Suzanne Leenhoff, la douce Néerlandaise, professeur de piano, qui lui a donné un fils, Léon Koella, en 1850. Cet enfant naturel passera aux yeux de tous pour le dernier frère de la jeune femme et le peintre jouera quant à lui le rôle de parrain.

Suzanne et sa mère habitent aux Batignolles, Manet réside rue du Mont-Thabor puis rue de Clichy avec ses parents et ses frères Eugène et Gustave. Son père, haut fonctionnaire au ministère

Si les cerises sont le fruit favori des Parisiennes, le cerisier est un arbre révéré au Japon. Le peintre n'échappe pas ici à la discrète influence des estampes japonaises que se disputent déjà ses amis Bracquemond et Baudelaire.

Joueurs d'orgue de Barbarie et chanteurs battent le pavé parisien et résident souvent dans les terrains vagues où s'édifient les quartiers neufs de l'Europe et de Monceau. *La Chanteuse des rues* (détail), 1862. Boston, Museum of Fine Arts.

Cette scène est un clin d'œil aux tableaux *La Pêche* d'Annibale Carrache, *L'Arc en ciel* et *Le Parc du château de Steen* de Pierre Paul Rubens, œuvres appréciées par Manet. Elle illustre aussi les activités de la population riveraine face à la presqu'île de Gennevilliers, berceau de la famille Manet. *Saint-Ouen* ou *La Pêche*, 1860-1861. New York, The Metropolitan Museum of Art.

de la Justice et sa mère, fille d'un diplomate, sont des bourgeois parisiens, austères et distingués.

Édouard emmène discrètement son amie et leur petit garçon pique-niquer sur l'autre rive, celle d'Argenteuil ou bien dans l'île de Saint-Ouen, si calme en regard des bruyantes guinguettes que Zola décrit dans *Thérèse Raquin*.

Dans *Saint-Ouen* ou *La Pêche*, le peintre se portraiture en Rubens et sa compagne en Hélène Fourment, la jeune épouse du maître flamand. Mais le paysage, discret souvenir du célèbre Annibale Carrache, montre surtout les activités tranquilles des pêcheurs de Villeneuve-la-Garenne en train de jeter leurs éperviers dans ce bras de Seine.

Les Parisiens raffolent de la friture de goujons. En ville, entre les ponts de Bercy et de Passy, trente pêcheurs peuvent en prendre annuellement un million. On les mange avec les doigts dans toutes les auberges des ponts de Saint-Ouen, Argenteuil,

Suresnes et les amoureux s'amusent à les partager en tirant chacun avec sa bouche l'extrémité d'un alevin bien croustillant.

L'enfant à l'arrière-plan du tableau tient une ligne. Des goujons ou des tanches frétilleront bientôt au bout de l'hameçon, à moins que, muni d'un chiffon rouge, celui-ci n'appâte les grenouilles si nombreuses alors dans le moindre espace aquatique.

Considérées avec méfiance par les anglo-saxons, elles constituent un mets moins fréquent que ne le croyait le romancier britannique Laurence Sterne au temps de son *Voyage sentimental en France*. Mais les amateurs en raffolent. On sert seulement leurs râbles et leurs cuisses, soit frits, soit à la sauce poulette, ou bien encore sautés au beurre avec des échalotes et du Saumur. En septembre, leur pêche remplace celle des goujons et celle, si prisée, des écrevisses.

Gloire des grandes tables parisiennes, ces crustacés d'eau douce sont exquis de mai à juillet. Au bord de l'eau, les racines des saules et des ornes abritent leurs repaires. Pendant la saison, quand la pose des balances est autorisée, les étudiants pratiquent avec ardeur cette pêche, interdite la nuit, à la lanterne. Paul Cézanne qui a découvert avec Zola des îles un peu plus lointaines en aval, vers Bonnières, attrape à la main et aux heures prohibées ces écrevisses liées aux plus beaux rêves de la gastronomie.

C'est dans le cadre de verdure qui s'étend au fil de l'eau entre Argenteuil et le Petit Gennevilliers, où plus tard il peindra les monumentaux canotiers d'*Argenteuil*, que Manet situe le nu que tous lui conseillent d'entreprendre pour s'affirmer vis-à-vis des augures du Salon. Il intitule *Le Bain* ce tableau dénommé par la suite *Le Déjeuner sur l'herbe*, et qu'ils désignent entre amis comme « la partie carrée ». Repoussée par le jury de 1863, exposée au Salon des refusés, l'œuvre offre à son auteur son premier triomphe et son premier scandale car une part du public n'y voit qu'une intention obscène et

tapageuse. Victorine Meurent, son modèle favori, a prêté sans complexe ses traits à la baigneuse si décriée. Elle se sèche au soleil tandis qu'une autre baigneuse retire de l'eau les bouteilles et les boîtes métalliques contenant des vivres. L'endroit correspond à celui que les revues conseillent : un site ombragé, proche du bord de l'eau afin de tenir au frais aliments et boissons. Le repas se composera de melon, pâté de lièvre, poulet rôti, sandwiches au fromage, fruits de saison.

Cette révélation toute crue des camaraderies de rapins choque les uns, ravit les autres. Elle donne au réalisme prôné par Gustave Courbet une connotation joyeuse où la jeune génération reconnaît ses aspirations. Descendues de l'empyrée, les déesses de Raphaël

et de Giorgione se réincarnent dans les modèles d'atelier pour partager les plaisirs des peintres.

À l'époque, la partie de campagne et son corollaire, le déjeuner sur l'herbe, enchantent tous les Parisiens. Instants précieux hors d'une ville que les grands travaux d'Haussmann livrent aux démolisseurs et aux maçons, à leur bruit, à leur poussière, ils concernent toutes les classes sociales. Les ouvriers saucissonnent en jouant aux quilles au pied des fortifications, les laquais de la cour étendent des nappes immaculées en forêt de Saint-Cloud et de Compiègne, les peintres déposent leurs provisions près de leur attirail à Bougival, Argenteuil, Saint-Ouen.

Lorsque trois ans plus tard Claude Monet peint en forêt de Fontainebleau son *Déjeuner sur l'herbe*, il se montre plus moderne que son aîné dans l'emploi des couleurs et le jeu des lumières mais plus bourgeois dans l'évocation de la scène. Sa composition ne néglige aucun détail alimentaire et le pâté en croûte si apprécié à toute heure, trône sur la nappe blanche. Manet au contraire n'a traité qu'en annexe les éléments du repas mais, près des vêtements négligemment entassés, le petit pain, les pêches et les cerises composent une de ces natures mortes qu'il aura toujours tant de plaisir à jeter sur un coin de toile.

L'œuvre imaginée en plein air se termine dans son atelier des Batignolles. Manet a d'abord partagé, rue Lavoisier, celui de son ami Albert de Balleroy ; il s'est installé ensuite rue de la Victoire puis, en 1860, rue de Douai. L'année suivante, il a trouvé un grand local rue Guyot, non loin de ce parc Monceau dont les abords ne sont alors qu'un immense chantier.

Les Mariages de Paris du romancier Edmond About, dévoilent l'influence d'un atelier d'artiste sur l'imagination féminine : « Étoffes, tentures, vieux meubles, objets insolites, porcelaines de Chine et du Japon, cuirasse rouillée, guzla sans corde, tambour de basque grossièrement bariolé deviennent des objets de haute curiosité. » On en rencontre d'ailleurs dans

CI-DESSUS
Les transformations de Paris ont englouti les ateliers de Manet. Ceux de certains de ses confrères conservent encore les verrières et les quelques mètres carrés de jardins croulants de fleurs qui donnaient tant de charme à ces installations.

PAGE DE DROITE
Accroché au Salon des refusés, ce tableau en est, pour Zacharie Astruc

et la jeune « avant garde », l'éclat, l'inspiration, la saveur piquante, l'étonnement. En montrant des femmes nues près d'hommes habillés, Manet a des prédécesseurs célèbres comme Giorgione et Raphaël. Pourtant la pudeur bourgeoise n'en tient aucun compte et s'offusque de découvrir la liberté des pique-niques dans les îles.
Le Déjeuner sur l'herbe, 1863. Paris, musée d'Orsay.

l'atelier pourtant très sobre de Manet. Entre les murs d'un rouge étrusque, de grands voilages de dentelles masquent les verrières. Leur blanche mouvance renforce l'exotisme des traits de *Jeanne Duval*, maîtresse orageuse et intermittente de Baudelaire. Le poète et le peintre se voient alors souvent, à l'atelier ou ailleurs.

Amis, curieux, clients, critiques, admirateurs se présentent à toutes heures aux ateliers des peintres. Un peu excentré, celui des Batignolles attire surtout les admirateurs sincères et cette jeune génération (Renoir, Monet, Bazille) qui portera le nom d'*impressionniste*. Au printemps 1863, Whistler et Fantin-Latour, camarades de longue date, conduisent ainsi chez Manet le poète anglais Charles Swinburne, amateur de boissons fortes. Quelques années plus tard, ils

lui amèneront aussi le prince des préraphaélites : Dante Gabriel Rossetti. Pour les visiteurs de passage, on fait chercher un chablis, du champagne, des crevettes et des huîtres que les écaillères proposent au coin des rues en criant : « À la barque, à la barque ! » Des collations entrecoupent le travail. Crus ou flambés à l'alcool, ce sont les fruits ayant d'abord servis de motifs aux pochades qui les composent.

Les modèles viennent de loin, coûtent dix francs pour la journée, plus l'omnibus. Souvent très jeunes, elles se gavent d'oublies ou de plaisirs, ces légères gaufrettes typiquement parisiennes annoncées au cri de « Voici le plaisir Mesdames ». La plus célèbre marchande d'oublies, Mme de Largillière dite la « Maman Plaisir » mourra en janvier 1879. Des générations

Manet travaille parfois dans l'atelier de ses amis, chez les Stevens, les Marjolin, les Morisot. Peut-être est-ce chez ces derniers, rue Franklin, qu'a été exécutée cette nostalgique effigie exposée au Salon de 1872. D'autres admirables portraits suivront mais, après son mariage avec Eugène Manet, la jeune fille qui confiait « avoir longtemps vécu de chimères » ne posera plus pour son beau-frère. *Le Repos*, 1870. Providence, Rhode Island School of Design.

d'étudiants et de modèles ont été les clients de cette personnalité truculente qui promenait son éventaire du Luxembourg aux Tuileries et se parait de rubans tricolores pour les fêtes républicaines. D'autres modèles préfèrent une des grandes spécialités banlieusardes : « les gros gâteaux de Nanterre, tout chauds, tout bons », que des marchandes ambulantes proposent dans les rues.

Elles adorent aussi les cerises aussi bonnes à peine cueillies qu'exquises en tartelettes et si seyantes en pendants d'oreilles. Bientôt, ce fruit acquerra une valeur mythique quand, après 1871, l'air du *Temps*

des cerises de Jean-Baptiste Clément serrera le cœur de tous ceux qui comme Manet ont un instant partagé le grand rêve de la Commune. Au printemps, les cerisiers éclairent tous les jardins de la capitale et des alentours. Les impressionnistes en décriront la blanche floraison.

Manet préfère le somptueux éclat cramoisi pris en leur maturité par les bigarreaux et les griottes. Il les met, bien au frais sur des feuilles de choux, aux mains de *L'Enfant aux cerises* dont le visage enfantin ne laisse rien pressentir du drame qui doit se jouer quelques temps plus tard. Un poème en prose de Baudelaire intitulé *La Corde*, relate la triste fin d'Alexandre, ce jeune rapin chargé d'entretenir l'atelier, rue de la Victoire : « (…) Je dois dire que ce petit bonhomme m'étonna quelquefois par des crises singulières de tristesse précoce, et qu'il manifesta bientôt un goût immodéré pour le sucre et les liqueurs ; si bien qu'un jour où je constatai que malgré mes nombreux avertissements, il avait encore commis un nouveau larcin de ce genre, je le menaçais de le renvoyer à ses parents. » À son retour à l'atelier, Manet le découvrit pendu dans le grenier.

Le rouge du cornet de cerises précieusement tenu par Victorine Meurent sert de contrepoint aux admirables gris de *La Chanteuse des rues*, tableau inspiré d'une musicienne entrevue à la porte d'un cabaret louche, rue Guyot. Les carnets de Manet indiquent aussi un projet de « couple donnant des cerises à un perroquet ». Un de ces volatiles alors très en vogue se dresse sur un perchoir à côté de la *Jeune Dame*. Dans ce tableau, la femme, encore Victorine, ne tient qu'un petit bouquet de violettes. Elle a dû craindre le bec redoutable de l'oiseau qui semble s'être déjà attaqué à l'orange, tombée à demi-ouverte au pied du perchoir.

Les oranges, régals luxueux dont rêvent alors les enfants pauvres, apportent en peinture une note insolite par la virulence de leur couleur. Elles évoquent l'Espagne, si présente dans l'art de Manet au début de

*C*e tableau date de l'année
où Lola de Valence et le Ballet
espagnol posent pour Manet.
Bouteilles d'amontillado et
plats d'huîtres ont dû leur être
proposé à l'atelier.

Le Plat d'huîtres, 1862.
Washington, National Gallery.

Photo de Manet extraite d'un
album lui ayant appartenu.
Paris, Bibliothèque nationale, cabinet
des estampes.

sa carrière quand les danseurs du ballet de
Madrid enthousiasmaient Paris. Avant que,
dans la moiteur de l'été 1862, ces fruits
d'or ne finissent en orangeade, le chat de
l'atelier joue avec deux d'entre eux dans
une toile inspirée de la *Maja vestida* de
Goya (*Jeune Femme allongée en costume
espagnol*). Elle est dédicacée « à mon
ami Nadar » car le grand photographe
s'arrête souvent prendre un verre dans
l'atelier de Manet.

« Prévenez-moi quand Manet partira pour l'Espagne » a demandé de
Bruxelles leur ami Baudelaire. Ce
voyage, entrepris après le scandale de
l'*Olympia,* permet à Manet de découvrir enfin ce pays si souvent imaginé.

Une rencontre majeure marque ce
long déplacement, celle, à Madrid, de
Théodore Duret qui arrive du

Portugal. Ce négociant en cognac conférera autant
d'énergie à défendre Manet et les impressionnistes
qu'à promouvoir ses alcools qu'il leur offre d'ailleurs
avec la plus grande générosité.

En 1868, Manet le prend pour modèle dans un
tableau où la teinte aiguë d'un citron posé près d'une
carafe d'eau réveille l'harmonie gris et noir de la composition. Ce jaune éclatant de l'agrume à demi-pelé,
leitmotiv que l'on retrouve aussi dans le portrait du
sculpteur Zacharie Astruc, un fidèle de son clan, et
dans tant de toiles de Manet, constitue une note acide
pour l'œil.

Ce fruit, accompagnement rituel des huîtres,
apparaît sur la table du *Déjeuner dans l'atelier*, tableau
commencé en 1868 à Boulogne-sur-Mer qui fut la
destination balnéaire favorite de la famille Manet.
Cette grande scène d'intérieur semble l'antithèse des
scènes riantes que ses confrères peignent sur les plages
et sa sévérité tend à prouver que le travail de la peinture ne perd jamais ses droits, même en vacances.

Elle révèle d'autre part des habitudes alimentaires
particulières à l'atelier. Auguste Rousselin, un camarade habitué de Boulogne-sur-Mer, fume un cigare
devant un dernier verre de vin, une petite cafetière et
sa tasse. Son repas s'achève, celui de Léon débute, un
plat d'huîtres l'attend, accompagné d'une boisson
inattendue puisque la servante apporte une chocola-
tière. L'expression boudeuse de l'adolescent traduit le
vague ennui qui parfois baigne les séjours loin d'une
vie parisienne joyeusement structurée de rencontres et
de rendez-vous. Terminé rue Guyot, le tableau s'est
complété d'un amoncellement hétéroclite : casque et
armes blanches prêtés par Monginot, camarade de
l'atelier Couture et spécialiste de natures mortes.

Celles qu'entreprend Manet comportent souvent
au bord des tables un couteau d'argent dont la position définit les lignes de fuite. Les fruits, amandes,
groseilles, pêches, figues, signent la succession des
saisons. Ainsi, c'est en automne qu'a été peinte l'étude

din. En d'exceptionnelles occasions, celui-ci s'offre un festin digne des restaurants bourgeois : « Potage de pot-au-feu bouilli, blanquette de veau, oie rôtie, épinée de cochon aux pommes de terre, petits pois au lard, salade romaine, gâteau de Savoie en forme de temple avec rose et papillon, fraises et fromage blanc. »

En 1866, une chaleureuse défense de Manet dans *L'Événement* a marqué les débuts de Zola dans la critique d'art. Celle de l'époque usait aisément de métaphores alimentaires. Zola oppose ainsi le rude naturalisme de son héros aux « douceurs des confiseurs artistiques à la mode, les arbres en sucre candi et les maisons en croûte de pâté, les bonshommes en pain d'épice et les bonnes femmes faites de crème à la vanille... » à côté desquels les toiles de Manet crèvent le mur.

Une étude de Zola sur le peintre a suivi en janvier 1867 dans la *Revue du XIXᵉ siècle*. Conçu pour démarquer le peintre des artistes de la bohème, l'article note que « la race chevelue de 1830 a disparu et [que] les peintres vivent maintenant comme tout le monde. » Il a été commandé par Arsène Houssaye, grand directeur de journaux et joyeux boulevardier avec lequel les relations de Manet sont excellentes, comme elles le sont d'ailleurs avec tous les gens doués pour la bienveillance et la fête.

Manet désire maintenant faire une carrière de portraitiste, à l'instar de son ami Carolus-Duran mais sans la moindre concession aux goûts trop mièvres d'un public si souvent agressif envers lui. Zola vient poser rue Guyot où, sur la table, un encrier et des livres évoquent son cabinet d'écrivain. Au mur, la gravure *Les Buveurs* de Vélasquez illustre à la fois la dette de Manet envers ce peintre et la joyeuse confraternité qu'engendre l'alcool.

Un verre de marsala ou bien de marasquin, liqueur favorite du maître espagnol, et pour les femmes quelques fruits à l'eau-de-vie, permettent de mieux supporter les longues heures de pose.

où le jeune Léon Koella apporte avec précaution un plateau chargé de raisins, de poires et d'une petite carafe dont la transparence s'associe aussi bien à de la williamine qu'à de l'eau. Le petit tableau : *Noix dans un saladier*, que Manet offre à Degas chez qui il avait cassé un récipient similaire, a été quant à lui exécuté en hiver.

Des natures mortes, Manet passe allègrement aux modèles vivants. Ses carnets indiquent les noms de plusieurs d'entre elles : Sidonie, Lelia, Léontine… Elles viennent des quartiers populaires de la petite Pologne (autour de la rue du Rocher), de Ménilmontant, de la rue Maître-Albert. Leur mère est souvent blanchisseuse comme la Gervaise de *L'Assommoir*. Le livre de Zola informe sur la nourriture courante du peuple de Paris : soupe aux choux, bou-

Ainsi, distingue-t-on à l'arrière-plan du *Balcon*, un enfant porteur d'un somptueux bocal d'abricots ou de pêches à l'eau-de-vie. Les autres personnages du tableau : Antoine Guillemet, camarade de Cézanne, de Zola et de Pissarro, Berthe Morisot, future belle-sœur de Monet et Fanny Claus, violoniste amie de Suzanne, épuisés par la longueur des séances, répondent « c'est parfait » chaque fois que Manet leur demande leur avis, dans l'espoir d'abréger la séance.

Deux ans plus tard, Eva, fille aînée d'Emmanuel Gonzalès, le célèbre feuilletoniste des *Frères de la Côte* et l'actif président de la Société des gens de lettres, lui demande des leçons de peinture. La bienséance veut qu'à l'atelier ces jeunes filles ne viennent jamais seules. Une femme de chambre les accompagne à moins qu'elles ne soient avec leurs mères auxquelles on offre une tasse de thé ou bien un doigt de malaga. Les leçons se déroulent dans l'afflux des visites et des conversations.

Après avoir disposé sur une nappe blanche des raisins, une tranche de saumon dans un plat en argent et un couteau, Manet conseille : « Ne pensez plus à compter les écailles du saumon et les raisins. Est-ce que vous comptez les grains de raisins ? » Après la leçon, le poisson ainsi coupé peut être grillé sur le poêle de l'atelier puis mangé avec une sauce tartare, accompagné du vin commandé rue de la Cerisaie. Cela complétera la côtelette et le bouillon trempé livrés pour quinze sous aux peintres qui ne veulent pas quitter un travail en cours.

Ces réunions passent à la postérité au Salon de 1870 avec le tableau manifeste de Fantin-Latour *Un Atelier aux Batignolles*. L'œuvre montre Manet entouré d'amis et de jeunes artistes qui lui doivent leur orientation picturale. Il travaille au portrait de Zacharie Astruc, sous l'œil attentif de Fantin, Renoir, Bazille, Monet, Scholderer, Zola et d'un camarade bordelais, aussi érudit que discret, Edmond Maître.

Le siège terrible auquel est alors soumis la capitale encerclée par les Prussiens, est suivi en mars 1871 par l'insurrection, au nom de la Commune de Paris, de ceux qui ont le plus souffert. Cette seconde guerre entre Français s'achève dramatiquement en juin de la même année. La reprise de Paris par les troupes armées venues de Versailles où siège le nouveau gouvernement, dévaste les alentours de la place Clichy. L'atelier de la rue Guyot est à moitié détruit.

« Grâce à cette coupe et à son contenu, votre nom moussera beaucoup plus fort et plus longtemps que le mien », disait Talleyrand à Jean Rémy Moët au temps du congrès de Vienne. Le XIXᵉ siècle est l'âge d'or du champagne. Il en coule beaucoup chez Manet en 1876, car à son invitation, tout Paris défile dans son atelier voir les tableaux que lui a refusé le Salon. *Huîtres et seau à champagne*, 1876. Londres, collection particulière.

Dans ce tableau, Manet n'oublie pas l'enseignement de son maître Thomas Couture dont une toile de 1848 avait la même mise en page. Il expose en septembre 1861, à la nouvelle et brillante galerie Martinet, cette transcription moderniste des petits porteurs de fruits ou d'oiseaux que Boucher et Fragonard ont représentés avec tant de succès au XVIIIᵉ siècle.
L'Enfant aux cerises, 1859. Lisbonne, fondation Calouste Gulbenkian.

Manet qui depuis 1865 habite avec sa mère et sa femme 49 rue de Saint-Pétersbourg dans le quartier de l'Europe, loue provisoirement une pièce au 51 afin de pouvoir montrer ses tableaux à son nouveau marchand Paul Durand-Ruel, puis trouve au 4 de la même rue l'endroit idéal. C'est une ancienne salle d'armes, peut-être indiquée par son ami Pierre Prins, neveu de Pons, le célèbre maître d'armes. Il y emménage en juillet 1872.

Ses fenêtres ouvrent sur la rue de Saint-Pétersbourg et sur la rue Mosnier où s'installe en décembre 1873 son ami Emmanuel Chabrier. Des réunions d'une gaieté folle se tiennent chez l'un ou chez l'autre avec improvisations au piano ou à l'orgue. Les nourritures terrestres n'en sont jamais absentes car pour Manet, faire plaisir a tout d'une devise et la gourmandise du compositeur est proverbiale. Dans l'intimité, la jeune femme de ce dernier et sa vieille Nanine offrent aussi une excellente table aux camarades de ce mari qui aime, dit-il, « se goinfrer de truffes ». Le vendredi, elles servent cependant artichauts et omelette à la stupéfaction d'un convive provincial qui relate : « C'est la première fois que je vois faire maigre à Paris. »

Un intime de Barbey d'Aurevilly décrit pour *Le Figaro* l'atelier, très envié, de Manet : « L'artiste accourt à nous, affable, souriant. Nous pénétrons dans le hall. Une vaste pièce boisée, lambrissée en vieux chêne, avec plafond de poutrelles alternant avec des caissons de couleur sombre. Les verrières donnent sur la place de l'Europe. Le chemin de fer agite ses panaches de fumée. Le sol tressaille sous les pieds comme sur le tillac d'un navire ; au loin, la vue s'étend sur la rue de Rome avec ses rez-de-chaussée à jardins. » Celui d'un ami, Alphonse Hirsch, sert de cadre à Manet pour exécuter *Le Chemin de fer* avec comme modèles une fillette et Victorine Meurent. C'est la saison des raisins et l'énorme grappe posée près de l'enfant atténuera l'ennui de la pose. La fumée des trains masque au-delà des voies les maisons de la rue de Saint-Pétersbourg.

L'atelier ne désemplit pas depuis le succès au Salon de 1873 du *Bon Bock*, posé par le lithographe Bellot. Ce personnage rabelaisien est une publicité vivante pour la bière qu'il préfère au cognac même à la fin d'un repas. Plus tard, pour soutenir cette boisson qui l'a rendu célèbre, il fondera un illustré, l'*Écho des brasseries françaises*.

En 1876, Manet convie le Tout-Paris à venir voir ses tableaux refusés au Salon : *Le Linge* et *L'Artiste*, portrait du graveur Desboutin. Un livre d'or consigne les opinions, certaines féroces, d'autres chaleureuses. Edmond Maître, ce mélomane si lié avec Frédéric Bazille et Henri Fantin-Latour, accompagne à cette

manifestation le tout jeune Jacques-Émile Blanche. Ce futur peintre est le fils du grand aliéniste, en relation depuis longtemps avec le groupe des parents et des amis de Manet. Dans la loggia, fermée de rideaux verts, celui-ci se tient à l'écoute des commentaires. Alphonse Hirsch est venu avec la belle Méry Laurent, l'une des plus élégantes demi-mondaines de l'époque. Manet a entendu ses appréciations si finement élogieuses et délire de plaisir. Après le départ des curieux, le champagne coule à flots pour les amis.

À l'arrière-plan du *Pont de l'Europe* peint par Gustave Caillebotte, on aperçoit les premières maisons de la rue de Saint-Pétersbourg et le couple élégant qui s'avance pourrait sortir de l'atelier de Manet. Tant de monde y passe : l'ultra-mondain docteur Robin, locataire à la même adresse et les amis invités à figurer dans *Le Bal à l'opéra* en 1873. Antonin Proust apporte les échos de la Chambre. Mallarmé vient chaque jour après ses cours au lycée et discute des menus qu'il veut élaborer pour une nouvelle revue, *La Dernière Mode.* Nina de Callias, amie de longue date du poète, pose pour Manet en 1874 et Claire Campbell, fille du directeur du *Daily Telegraph,* l'année suivante. Jean-Baptiste Faure, l'illustre chanteur auquel il faut des boissons aux œufs et au miel se fait représenter en 1877 dans son rôle d'Hamlet. Souvent, la porte s'ouvre sur les camarades qui s'arrêtent avant de prendre un train à Saint-Lazare : Bracquemond pour Sèvres, Monet pour Argenteuil. La série que ce dernier consacre à la gare le retient d'ailleurs longuement dans le quartier.

Pour tous ces visiteurs, on envoie chercher rue d'Amsterdam, à l'adresse que recommandait Baudelaire, de la pale-ale et au buffet de la gare, des sandwiches et des crevettes. Il faut de la bière mais aussi de l'absinthe et toujours du champagne.

Les jeunes femmes se chauffent devant la grande cheminée et apprécient les légers en-cas qui apparaissent sur les toiles *Huîtres et seau à champagne, Huîtres, brioche et poires.* Les garçons d'un café voisin apportent des verres ; un mitron que Manet dessine sur un carnet livre des gâteaux de chez Ladurée, à moins qu'il ne s'agisse de ces petits pâtés, triomphes de Murer le pâtissier, également poète, chez lequel les impressionnistes dînent le mercredi, boulevard Voltaire.

Le tapage entraîné par l'exposition de 1876, le va-et-vient des clients, des amis, des livreurs, irritent les autres locataires. Ils s'agacent aussi d'avoir à croiser les

modèles de scènes légères. Au grand désespoir de Manet, le propriétaire lui donne congé en 1878, l'année même de l'Exposition universelle. Un des derniers tableaux exécutés là montre la rue Mosnier décorée de tous les drapeaux qui le 30 juin illuminent Paris pour la première fête républicaine.

Des travaux retardent son entrée dans l'atelier qu'il loue au 77 rue d'Amsterdam. Le peintre suédois Rosen lui prête le sien, presque en face, au 70. Cet artiste, très présent dans la vie parisienne, a d'excellentes relations avec Manet dont le grand-père maternel a été en mission en Suède peu après l'accession au trône de Charles Jean-Baptiste Bernadotte. Serre de plantes exotiques, l'atelier Rosen offre à Manet un cadre plaisant pour représenter un couple élégant, les

Jules Guillemet, et recevoir avec un verre de champagne les étrangers accourus pour l'Exposition. Manet est satisfait quand sonnent à sa porte des personnalités comme Sir Frederic Leighton, président de la Royal Academy, ancien élève lui aussi de Couture.

Rue d'Amsterdam, les visiteurs sont tout aussi nombreux. Jacques-Émile Blanche obtient de peindre une *Brioche* sous l'œil bienveillant de Manet dont il commence à collectionner les œuvres. À l'arrière d'un portrait de George Moore, l'écrivain anglo-saxon, on aperçoit le jardin qui prolonge l'atelier. À l'intérieur, six canapés incitent à la nonchalance et aux bavardages avec les jeunes artistes : Jean Béraud et Henri Gervex, porteurs des derniers potins. Une table s'allonge pour les repas quand une ataxie locomotrice, complication de la syphilis, commence à rendre difficile la marche de Manet jusqu'à son appartement. Le concierge de l'immeuble, Aristide, sert de factotum ; tous les amis le connaissent. Il entretient le feu, prépare une salade d'oranges, sert les boissons, court chercher un ananas chez Corcellet ou bien un jambon de Parme chez Chevet.

Quatre chevalets s'offrent aux divers types de travaux. Les portraits, qu'ils soient de commande ou bien souhaités par Manet, entretiennent un va-et-vient permanent. Plusieurs d'entre eux représentent des gens connus de longue date : un troisième portrait d'Antonin Proust, pour le salon de 1880, celui de Clemenceau, celui de Constantin Guys venus sans doute avec Nadar qui en 1883 apporte à l'atelier son livre *Le monde où l'on patauge* et le dédicace : « À mon Manet, son Nadar ». Les femmes ne craignent plus son style. Jean-Louis Forain amène une amie bordelaise, Mme Martin (*La Dame en rose*), et Antonin Proust, la danseuse Rosita Mauri. Habitué de l'atelier,

l'éditeur Charpentier y vient accompagné de son épouse et de sa jeune belle-sœur, Marguerite Lemonnier, dont la jeunesse enthousiasme le peintre.

Pour les repas improvisés, on sert des viandes froides avec, à l'intention de Moore ou bien de Mmes Clemenceau et Guillemet qui sont américaines, un *Bocal de pickles*.

Une aquarelle, sur une lettre adressée de Bellevue par le peintre à cette ravissante Mme Guillemet, semble un souvenir de la rue d'Amsterdam car la table est celle de son jardin ; une tasse à café y est posée mais on ne voit de la buveuse que ses deux chevilles à demi-découvertes qui semblent battre la mesure sous le guéridon.

L'image se lit peut-être comme un aveu de tendresse mais elle exprime surtout la propre impatience de Manet devant l'impossibilité grandissante de poursuivre une vie qu'animent les heures passées dans les cafés, les dîners, les théâtres.

Ce tableau répond aux virulentes attaques traitant de rapins débraillés ces peintres qui, dans les années 1860, ont fait de ce quartier petit-bourgeois le Saint-Germain-des-Prés de l'époque. En présence de ses défenseurs et de ses disciples, Manet peint un portrait de Zacharie Astruc. Une statuette de Minerve, déesse de la sagesse, souligne le sérieux de la scène.
HENRI FANTIN-LATOUR, *Un Atelier aux Batignolles,* 1870. Paris, musée d'Orsay.

En Ville

Puisque vous allez quelquefois le soir
au café de Bade, bonjour à Manet.

Charles Baudelaire

Pendant toute son existence Manet alterne travail d'atelier, vie de famille et distractions extérieures. Mallarmé l'observe avec une amitié attentive, tantôt dans un grand café du Boulevard, tantôt rivé à son chevalet, rue de Saint-Pétersbourg ou d'Amsterdam. Il n'oubliera ni son « ingénuité virile de chèvre-pied au pardessus mastic [...] Bref, railleur à Tortoni, élégant [...] » ni « en atelier, la furie qui le ruait sur la toile vide... »

La remarquable force de conviction et de persuasion du peintre s'exerce dès sa jeunesse et se perpétue jusqu'à sa dernière année dans les cafés et les restaurants, véritables institutions de l'époque. Ils servent de théâtre à ses emballements ou ses emportements artistiques et deviennent aussi, à la fin de sa carrière, le thème majeur de son œuvre. Dans le premier quart du XIXᵉ siècle, les cafetiers ont obtenu l'autorisation de servir des « déjeuners à la fourchette » c'est-à-dire des côtelettes, des biftecks, des volailles froides. Certains établissements se sont donc mués en cafés-restaurants, d'autres ont choisi de distraire en offrant, en plus des glaces et des boissons, un spectacle ; ils sont devenus des cafés-concerts. Quant aux restaurants, ils ne seront jamais aussi fréquentés et glorifiés qu'en cette fin de siècle où la gastronomie est reine.

Au café, les hommes jouent indéfiniment au billard, font des parties de dominos ou de bésigue. Pendant ce temps, leurs compagnes s'éternisent devant une prune ou des cerises à l'eau de vie, comme cette jeune femme dont la robe-manteau d'ottoman rose cendré s'harmonise si bien avec les volutes vertes du mur et le cuir fauve de la banquette.

La Prune, 1878. Washington, National Gallery, collection Mellon.

La lecture des journaux est
un service offert aux clients
dans les cafés. Il en paraît
plus de cinq cents à Paris
sous le Second Empire.
À la taverne Peters, toute
la presse étrangère est
disponible. Afin d'éviter
leur détérioration, quotidiens
et illustrés (*La Vie parisienne,
L'Illustration, L'Art de
la Mode*), sont enroulés sur
un cylindre de bois.
À l'arrivée de Manet, les
garçons de Tortoni, du
Guerbois ou de la Nouvelle
Athènes, lui apportent,
parfois à son grand
agacement, les périodiques
qui le citent.

Baudelaire tel que Manet l'a
peint dans *La Musique aux
Tuileries* en conversation avec
Théophile Gautier et le baron
Taylor, sert à Manet de point
de départ pour cette eau-forte.
L'écrivain vient alors
d'exprimer dans *Peintres et
aquafortistes*, son plaisir à voir
renaître cette technique de
la gravure.
Baudelaire en chapeau de profil,
1862. Paris, Bibliothèque nationale.

Ces divers établissements représentent les vrais
salons de l'époque. Étudiants, ouvriers, artistes, journalistes, dandys et bourgeois ont les leurs. Deux
d'entre eux, le café Guerbois aux Batignolles et la
Nouvelle Athènes à Pigalle, appartiennent à la saga de
l'impressionnisme. Ils ne sont pas, de loin, les seuls
fréquentés par Manet.

Au temps de ses études chez Thomas Couture,
exclu pendant quelques jours de l'atelier pour indisci-
pline, il se voit offrir à son retour un punch triomphal
par ses condisciples. La fête a lieu au restaurant Pigalle
très apprécié pour ses déjeuners à vingt francs et ses
dîners à quarante francs, que ne dédaigne pas le père
Goupil, riche marchand de tableaux, venu faire la
tournée des ateliers.

Se donner rendez-vous devant une absinthe, une
glace, un bock, partager les plats d'une table d'hôte
ou les menus d'un chef réputé entraîne par ailleurs de
fascinantes rencontres. À l'époque de l'atelier
Couture, Manet accompagné d'Antonin Proust,
déjeune chaque jour chez le rôtisseur Pavard, rue
Notre-Dame-de-Lorette. C'est là qu'il entre en
contact avec Baudelaire, les écrivains Barbey
d'Aurevilly, Henri Murger et Champfleury, l'auteur
réaliste qui dès lors traînera son humeur bougonne
dans le salon des Manet.

L'artiste les retrouve aussi chez Dinocheau dans
cette rue Bréda qu'anime l'aguichante population du
quartier des Lorettes. La vogue de ce cabaretier bon
enfant dure jusqu'en 1870. Un escalier tournant
monte à la petite salle lambrissée et tapissée de papier
rouge où l'on s'assied à une table en fer à cheval
devant une soupière fumante. Les Goncourt, venus
par curiosité, s'offusquent : « Chez ce marchand de
vin les convives sont en manches de chemise. »

Barbey, « pauvre comme Job et fier comme
Artaban », Murger, longtemps buveur d'eau par
nécessité et l'imprévisible Baudelaire font découvrir à
Manet la bohème et le dandysme. Le jeune homme

est un interlocuteur de choc pour le premier d'entre eux qui « sacrifierait tout à la conversation » et qui, bien qu'écrivain, notait quinze ou vingt ans auparavant : « Parfois je me sens une rage de peindre ce que j'ai vu, de corporiser avec la ligne et la couleur un souvenir plus ardent en moi que la vie, plus substantiel que la réalité, alors les mots m'impatientent, ils ne sont que du crayon blanc. »

Henri Murger évolue alors entre Paris et Marlotte où le cabaret de la mère Antony, que peindra Renoir en 1866, l'a si souvent accueilli. Le succès de son recueil, *Scènes de la vie de bohème,* a mis fin à sa misère mais il a trop souvent « dîné de pain granitique et d'un squelette de hareng saur ». Sa santé demeure fragile et les contre-filets saignants et les oisons rôtis de Pavard ne suffisent pas à enrayer la tuberculose qui l'emporte en 1861.

Son livre a suscité dans la jeune génération bien des vocations de peintres auxquels il arrive comme à ses héros de se nourrir quinze jours durant de harengs salés et de radis noir, d'attraper un pigeon sur le toit pour le faire à la crapaudine puis d'acheter chez un traiteur homard, gigot et gâteau au rhum quand ils pendent la crémaillère !

Manet n'a pas ces difficultés matérielles puisqu'une certaine fortune familiale suffit à ses dépenses. Sa générosité s'exerce discrètement vis-à-vis de Baudelaire, toujours plongé dans d'inextricables difficultés financières, comme elle s'exercera plus tard vis-à-vis de Monet et de tant d'autres.

Baudelaire voit en lui un jeune frère d'élection. Il ne fait pas pour autant son éloge dans la presse, ce qu'il s'interdit pour tous ses proches, mais a pour son œuvre un goût que certains trouvent alors démesuré. En 1864, il intervient chaleureusement auprès de son ami Philippe de Chennevières, le futur directeur des beaux-arts au ministère, pour qu'il veille au bon accrochage des tableaux de Manet et de ceux de Fantin-Latour. En 1858, Baudelaire s'installe rue d'Amsterdam à l'hôtel

« Je vous ai cherché hier au Théâtre français », écrit Manet à Zola. La Régence est le plus célèbre café des alentours, celui des Encyclopédistes et de Bonaparte. Alfred de Musset y disputait des parties d'échecs avec Charles Gleyre, futur maître des impressionnistes. À l'époque de ce dessin, Sophie Croizette, belle-sœur de Carolus Duran, un intime de Manet, vient de reprendre au Français *Les Caprices de Marianne. Un Café place du Théâtre français,* 1877-1881. Paris, musée du Louvre/Orsay.

pierre lithographique pour griffonner le visage du lexicographe Émile Littré, le plus rigide des habitués. Les établissements favoris de l'artiste se trouvent toutefois, comme ses ateliers et ses appartements, sur la rive droite, entre les Batignolles et le frivole Boulevard qui désigne tout à la fois les boulevards des Capucines, des Italiens et le début du boulevard Montmartre.

L'opéra de la rue Le Peletier, cadre de tant de tableaux de Degas, puis à partir de 1875, l'opéra Garnier, le théâtre des Italiens, rue Favart, le théâtre du Vaudeville et celui des Variétés, les marchands de tableaux, rue Laffite, dessinent un triangle magique en appui sur les boulevards des Capucines et des Italiens. Presque tous les cafés y sont aussi des restaurants qui déploient les fastes de la gastronomie parisienne du Palais-Royal à l'Opéra.

Au 3 rue Le Peletier, Honoré de Balzac, Théophile Gautier et Gérard de Nerval avaient adopté pour leurs dîners, suivis d'interminables conversations, un petit divan au fond d'un café. Baudelaire et Champfleury ont emmené Manet dans ce cénacle, féroce aux fâcheux mais accueillant aux excentriques tel Collardet, « le dernier buveur français ». En 1861, pour pouvoir l'emmener à l'hôpital, les amis de celui-ci ont dû lui dire qu'il s'agissait « d'aller à la Halle manger une soupe à l'oignon », remède souverain des nuits trop arrosées.

Souvent l'alcool tient lieu de repas pour les bourses plates et le café, de havre où se réchauffer. Cela conduit à cette déchéance qu'exprime *Le Buveur d'absinthe,* refusé à Manet au Salon de 1859, année où disparaît Le Divan Le Peletier.

Ce milieu d'écrivains et de peintres est aussi, dès qu'ils ont un sou en poche, un milieu de gourmets. Charles Monselet, chroniqueur passionné de gastronomie, qui vit avec une religieuse dégagée de ses vœux pour cause d'allergie à la nourriture monacale en est la figure rabelaisienne. Il signe ses articles Monsieur de Cupidon, compose des poèmes gastronomiques et des

de Dieppe où Manet le rejoint parfois pour déjeuner, à moins qu'ils ne se retrouvent gare Saint-Lazare, au buffet de l'Embarcadère de l'Ouest. Baudelaire chante l'âme du vin dans ses poèmes. Son étude intitulée *Du vin et du haschich* constate : « Le vin rend bon et sociable ; le haschich est isolant », il remarque d'ailleurs les effets de ce dernier sur l'appétit, tantôt annihilé tantôt développé de façon extraordinaire. Le sien, si capricieux, lui suggère des métaphores alimentaires. Ainsi compare-t-il la mode « à l'enveloppe amusante, titillante, apéritive, du divin gâteau ».

Quand à ses débuts, Manet copie au musée du Luxembourg et grave rue Hautefeuille, il s'arrête en revenant vers le Louvre au coin de la rue Jacob et de la rue des Saints-Pères, pour déjeuner au vénérable restaurant Caron où Barbey d'Aurevilly se montre le dimanche. Antonin Proust se souvient avoir vu là son camarade user du marbre d'une table comme d'une

hymnes à la truffe, ingrédient qu'il ajoute à tous ses plats. En ces années où la mode est aux dîners d'associations en tout genre, il fonde ceux du Gourmet. Son appétit est légendaire ; Baudelaire soupçonne « cet homme charmant » venu lui rendre visite dans son exil bruxellois d'être allé jusqu'à Anvers sans apprécier la troublante beauté du baroque et « de n'avoir vu qu'une grosse friture qu'il est allé manger de l'autre côté de l'Escaut ». Tous les grands restaurants présentent des recettes auxquelles son nom est lié tel « le chapon à la Monselet » avec sa garniture de quenelles de champignons et de truffes.

Le périmètre restreint dans lequel se tiennent les tables les plus renommées est aussi celui des grands journaux. À l'angle de la rue de la Chaussée-d'Antin et du 38 boulevard des Italiens, le restaurant Bignon, auquel en 1880 succédera Paillard, occupe le rez-de-chaussée d'un immeuble. Le premier étage est loué, depuis son retour d'Italie en 1857, au compositeur Rossini. Il n'écrit alors plus de musique mais garde pour la gastronomie une passion à laquelle on doit le tournedos qui porte son nom et qu'agrémente du foie gras. La Maison d'or, dite aussi Maison dorée, si tapageuse sous le Second Empire, étale sa façade surchargée à l'angle de la rue Laffitte et du boulevard des Italiens. Le café Riche, 1 rue Le Peletier et 16 boulevard des Italiens, retrouve, après sa reprise par Bignon aîné vers 1865, un éclat qu'il avait perdu. Dans les années 1870, les invitations du docteur de Bellio, mécène des impressionnistes, puis après 1885, les dîners qu'il organise avec Caillebotte pour que les liens entre peintres ne se distendent pas, donneront un nouveau titre de gloire à cette table fameuse. Au café Anglais officie Adolphe Dugléré, d'après Rossini : « le Mozart de la cuisine française ». Ex-chef chez les Rotschild, il gagne vingt-cinq mille francs par an. Cette table illustre se tient au coin de la rue Marivaux et du boulevard des Italiens. À celui de la rue Taitbout et du même boulevard se trouve le flamboyant Tortoni. Un peu plus à l'est, boulevard Montmartre, Brébant commence en 1865 sa carrière de meilleure table du monde des lettres et des arts.

JEAN BÉRAUD, *Le Café Tortoni*, 1880. Paris, Bibliothèque nationale, cabinet des estampes.
Cet illustre café a été fondé en 1798 par le roi des glaciers, Velloni, arrivé d'Italie avec les généraux du Directoire. « Son élève », Tortoni, lui a succédé et a ajouté l'une des plus fines cuisines parisiennes à ses glaces, ses bavaroises et ses *mostaccioli* qui enchantaient Talleyrand. Lions de la monarchie de juillet, gandins du Second Empire, dandies puis gommeux en font le plus célèbre des rendez-vous parisiens et celui où, jusqu'à sa disparition en 1893 s'échangent le plus de mots d'esprits. Manet retrouve là tous ses familiers, Baudelaire, les Stevens, le compositeur Chabrier, l'éditeur Charpentier.

Le public féminin gravitant à toute heure sur ces boulevards revit sous le crayon de Constantin Guys. Une noria d'hommes coiffés de hauts-de-forme entoure les femmes assises devant des sorbets multicolores à la terrasse de Tortoni ou du café des Variétés ; d'autres soupent à la Maison d'or ; d'autres encore parcourent le Boulevard en s'interrogeant : « Où dînerai-je ce soir ? », titre d'un dessin de l'artiste.

L'admiration de Baudelaire pour « le peintre de la vie moderne », rencontré en 1859 sous les lustres du casino Cadet, fastueuse salle de bal et de concert que l'on inaugure alors, se transmet à Manet. Par la suite, on apercevra souvent le grand dessinateur dans son entourage au café Tortoni, au café Guerbois, à la Nouvelle Athènes.

Un verre d'alcool, cognac, kirch, vieux marc, ou de liqueur est considéré comme le complément indispensable des repas. Les verres dans lesquels on les sert sont de très petite taille et leur capacité n'augmentera qu'après la première guerre mondiale.

Tortoni, fondé en 1798 par Velloni, premier glacier venu d'Italie à Paris, occupe un rez-de-chaussée et un premier étage. On se bouscule à l'intérieur et sur les trois marches de son perron, il y a toujours foule. Tortoni, c'est l'esprit, l'élégance, la désinvolture et Manet s'y trouve dans son élément. C'est aussi une cuisine parfaite avec la possibilité de choisir rapidement au buffet entre les deux fenêtres, la célèbre fricassée de poulet, des viandes en gelée, des poissons incomparables ou bien le soir après souper de se rafraîchir avec un punch romain. À l'époque où Manet accompagné de Baudelaire exécute ses études pour *La Musique aux Tuileries*, il déjeune chaque jour chez Tortoni puis y revient après son travail en faire admirer le résultat. Plusieurs des personnages figurant dans ce tableau font partie des habitués tel Aurélien Scholl, chroniqueur à la plume acérée et bretteur redoutable. Les dandys de la nouvelle génération ont succédé aux lions qui s'y pressaient autour d'Eugène Sue mais on reconnaît toujours Hippolyte de Villemessant, directeur du *Figaro*, Arsène Houssaye et le généreux Étienne Carjat, photographe célèbre comme son ami Nadar. Ce dernier ouvre cette année-

là, boulevard des Capucines, un somptueux atelier de verre et de fer, dont la peinture rouge rappelle sa chevelure rutilante qui chez Tortoni domine les autres têtes. Comme lui, Manet appartiendra toute sa vie à cette « mafia tortoniste ».

Nombre des familiers de Tortoni sont des figures marquantes de l'époque tels Alfred Stevens, peintre de la vie élégante, et son frère Arthur, chroniqueur et marchand de tableaux qui joue un grand rôle tant à Paris qu'à Bruxelles, leur ville natale. C'est sur son conseil que Baudelaire partira faire des conférences en Belgique. Une attaque d'hémiplégie terminera ce séjour déplorable et l'écrivain resté aphasique ne rentrera en France que pour mourir après de longs mois d'hospitalisation.

Pendant qu'il réside à Bruxelles, ses lettres admonestent Manet désespéré par l'insuccès de l'*Olympia*, et lui signalent l'admiration que le tableau inspire à Félicien Rops, un artiste wallon qui deviendra le plus bavard des « tortonistes ». Adresses gourmandes et lieux de plaisir sont familiers à Rops qui en 1862 prépare des illustrations pour *Cafés et cabarets parisiens*. Au même moment, son intime, le joyeux Armand

Félix Nadar, *La Brasserie des Martyrs*, 1855-1860.
Paris, Bibliothèque nationale, cabinet des estampes.
Plusieurs étages, un jardin, des billards partout, une galerie avec des divans, la brasserie des Martyrs, au 9 de la rue du même nom, est le nouveau temple du réalisme depuis qu'à partir de 1859, Courbet et ses disciples délaissent le quartier latin. Manet a épisodiquement fréquenté, comme beaucoup de ses amis, ce cénacle de la littérature et de la bohème. Monet, dans sa vieillesse, regrettera d'avoir perdu trop de temps dans ce café, à son arrivée à Paris.

Gouzien, critique et compositeur, succède à l'un des beaux-frères de Manet pour poser le personnage central du *Déjeuner sur l'herbe*.

C'est dès son arrivée à Paris qu'un autre compositeur, Emmanuel Chabrier, a découvert Tortoni. « Gai comme un pinson », il assiste aussi, comme le rappelle Verlaine, avec Manet, Bazille et Catulle Mendès, aux réunions des Parnassiens, passage Choiseul. Ce groupe de poètes chez lesquels le positivisme combat les excès romantiques, a pour chef de file Leconte de Lisle, plus dogmatique et Théodore de Banville, père de *La Revue fantaisiste*. Banville, aussi gourmet que poète est le grand organisateur de ces débats. Des dîners les entrecoupent, généralement passage des Princes à la taverne Peters. La salle à manger, celle d'un ancien palace, « a tout d'un Alhambra » pour le confort. On y vient pour sa soupe à la tortue et ses viandes saignantes chères à la clientèle anglo-saxonne.

Un autre établissement, le café de Bade reçoit aussi la visite quotidienne de Manet dont un mot signale : « Je suis tous les jours à cinq heures au café de Bade. » Et de Belgique, Baudelaire demandera à l'un de ses éditeurs : « Puisque vous allez quelquefois le soir au café de Bade, bonjour à Manet. »

Le peintre accompagne aussi Antonin Proust au café de Londres, au coin de la rue Duphot et au café de Madrid. C'est là que les républicains, amis de Gambetta et ceux de tendance plus ou moins radicale, Vallès, Ferry, Rochefort prennent leur absinthe biquotidienne, des vermouths et des punchs. Là aussi, le marbre des tables portera, jusqu'à ce que les garçons l'effacent, les croquis de Manet pour d'éventuels portraits d'hommes politiques.

C'est pourtant hors du Boulevard que se constitue le cénacle auquel Manet doit son statut de chef d'École et la reconnaissance par l'opinion publique d'une École des Batignolles d'où surgira l'impressionnisme.

Le trajet quotidien de Manet entre l'atelier de la rue Guyot et son domicile passe par la place Clichy. Après son rattachement à Paris en 1860, l'urbanisation

En faveur sur toutes les tables et sous toutes les formes, le jambon inspire cette nature morte achetée à Manet ainsi que plusieurs autres par un ami de longue date, Pertuiset. L'année suivante, un portrait de cet illustre chasseur de lions lui permet d'obtenir au Salon la médaille indispensable pour qu'un artiste puisse briguer la Légion d'honneur. Ce *Jambon* a fait ensuite partie de la collection de Degas avec lequel Manet a si souvent dîné.
Le Jambon, 1880. Glasgow, Art Gallery and Museum.

des Batignolles a été rapide. À la fois bourgeois et populaire, ce quartier a très vite attiré une population d'artistes. Avec ceux groupés autour de Manet, il devient le Saint-Germain-des-Prés de l'époque.

Connus auparavant pour leurs guinguettes, les Batignolles comptent maintenant quelques établissements appréciés. Le phare en est, avenue de Clichy, le cabaret du père Lathuille. Son aide héroïque aux troupes qui, le 30 mars 1814, ont tenté d'empêcher l'entrée dans Paris des armées russes, autrichiennes et prussiennes l'a rendu célèbre et bientôt, la qualité de sa cuisine le fait également remarquer des gourmets.

Non loin du Père Lathuille, le café Guerbois accède à la gloire grâce à Manet. Les gens du quartier et les écrivains fréquentent ce vaste établissement, les peintres aussi car le propriétaire Auguste Guerbois est originaire de La Roche-Guyon, site bien connu des paysagistes. Les habitués, comme partout, jouent aux dominos pendant des heures et disputent des parties de billard sur lesquelles on mise de grosses sommes. Certains arrivent le matin, déjeunent d'œufs brouillés, d'un bifteck au cresson et de fruits suivis d'un gloria – demi-tasse de café mêlé d'alcool. Les traits de l'un d'eux sont célèbres : le lithographe Émile Bellot, modèle en 1872 du *Bon Bock*.

Le soir en quittant l'atelier, Manet s'arrête au Guerbois où il retrouve son clan. Degas y rejoint également son ami Duranty, le romancier naturaliste, et tous trois font assaut de formules ravageuses. On voit parfois Pissarro qui a un pied-à-terre impasse Saint-Louis et rarement Monet dont le fils naît pourtant à cette même adresse. Renoir et Bazille, locataires en 1869-1870 d'un atelier rue de la Condamine, n'ont que quelques pas à faire pour venir prendre part aux conversations. Nadar passe en trombe. Ernest Hoschedé, amateur naissant de la « nouvelle peinture », s'éternise à côté de littérateurs et de journalistes dont l'enthousiasme révélera bientôt l'École des Batignolles et Manet, son chef charismatique.

Zola, introduit dans ce cercle par Guillemet, prend des notes qui lui serviront vingt ans plus tard pour écrire *L'Œuvre* où le Guerbois apparaît sous le nom de café Baudequin. Au bord du trottoir s'étend sa double rangée de tables ensoleillées auxquelles le groupe préfère une salle tranquille pour boire des chopes et discuter. Un dessin de Manet la représente probablement avec, attentif, l'un de ces garçons de cafés parisiens si fiers d'une clientèle à laquelle ils se pressent d'apporter les journaux.

Quand Constantin Guys vient au Guerbois, il pousse jusqu'aux nombreux « bouchons » qui jouxtent les barrières de l'octroi pour dessiner les filles attablées avec des soldats auxquels on sert un verre ou mieux encore, comme c'était l'usage, un saladier de vin.

Poulet sauté Père Lathuille.
Voir recette page 172.

PAGE DE DROITE
Manet a beaucoup aimé ce
restaurant de l'avenue de
Clichy et vu sous ces tonnelles
des scènes comme en décrit
Maupassant. « Le moderne
dont j'ai parlé, le voilà », écrit
Huysmans quand ce tableau
est exposé au Salon de 1880.
Vingt ans plus tôt, le créateur
de l'idée de modernité,
Baudelaire, partageait là

le célèbre poulet du père
Lathuille avec des conquêtes
subtilisées à son ami
Champfleury. En 1855, le
journal des Goncourt y situe
les hésitations d'un premier
rendez-vous : « vous seriez à
l'ombre dans un petit coin où
il n'y aurait que des parfums
de verdure… Et les garçons,
on peut me voir, je mourrais
de honte… Garçon, donnez-
moi une demi-bouteille de
champagne et des fraises. »
Chez le père Lathuille, 1879.
Tournai, musée des Beaux-Arts.

« Les yeux vernis par l'eau-de-vie, prostrées dans des
indolences d'estaminet », elles attendent un client,
sans doute un des quatre cent mille ouvriers du bâti-
ment que les gigantesques travaux d'Haussmann ont
drainés vers la capitale. Manet montrera aussi vers
1878, avec *Le Bouchon,* l'un de ces cabarets de plein
air où les maçons limousins commandent une soupe
au lard et versent ensuite du vin dans le reste du
bouillon pour le traditionnel chabrot.

Abandonné par la plupart de ses habitués pendant les événements tragiques de 1870, le Guerbois
conserve la clientèle de Manet qui « s'ennuie à
crever », indique une lettre à sa femme. L'endroit
constitue alors « sa seule ressource et cela devient
bien monotone ».

Lorsque la guerre a éclaté, Manet s'est engagé
dans l'artillerie de la garde nationale, comme Degas.
Il l'a quittée pour devenir capitaine sous les ordres
du peintre Jean-Louis Meissonier à l'état-major qui
siège à l'Élysée.

À Paris, les vivres diminuent peu à peu. Les mil-
liers de bestiaux dont grouillait la ville au début du
siège : moutons au Luxembourg et au bois de
Boulogne, bœufs boulevard des Italiens, vaches dans
l'avenue de l'Impératrice sont tragiquement insuffi-
sants. Les bouillons Duval créés en 1855 par un
ancien boucher pour une clientèle populaire ne trouvent même plus les bas morceaux qui lui permet-
taient de la satisfaire. Chevreuils et faisans ont
disparu des étals de Lambert, le traiteur du boulevard
Montmartre et ses bacs à poissons sont vides. Aux
Halles, un chiffonnier qui fait la queue devant une
gargotte achète les chats six francs, les rats un franc et
la chair de chien un franc la livre. Le critique d'art
Philippe Burty décrit à Goncourt, avec lequel il dîne
chez Brébant, les souffrances de Bracquemond
« doué d'un appétit à manger seul un gigot et qui
pour ne pas laisser mourir de faim sa jolie petite
femme dépérit d'inanition ».

Les grands restaurants font des prodiges pour satisfaire une clientèle bien clairsemée. La viande d'ânon, servie au café Anglais ou au café Riche, est trouvée exquise. Chez Brébant, on présente, au lieu d'une selle d'agneau, une selle de chien. « Bientôt on nous servira le berger », remarque un des convives. Chez Peters, on découpe deux cents tranches dans un cuisseau de veau ce qui, à six francs la tranche, fait une belle somme. « Ne nous apitoyons pas sur le sort des restaurateurs », note Goncourt surpris que la population ne soit pas exaspérée à la vue des choses rares entrevues chez ceux-ci. Café, vin, pain constituent la nourriture de la plus grande partie de la population qui meurt de faim. Paris est transformé en une sorte de foire où tout s'échange sur les trottoirs : graisse de cheval, deux œufs, trois navets. Quand le pain manque à son tour, la ville ne peut plus tenir.

Un peu améliorée après l'armistice, la situation reste difficile pendant la Commune. À sa chute, l'un de ses chefs, Jules Vallès, pour dîner royalement avant une arrestation qu'il sait imminente, commande chez la mère Laveur (bien connue des étudiants de la rive gauche) « une bouteille de Nuits, un boudin aux pommes, une frangipane de quarante sous et des confitures de la grand-mère ».

en octobre 1871 du « roi des potirons ». Ce légume géant, baptisé cette année-là « Cambronne », pèse cent trente-cinq kilos et, couronné de fleurs, il parcourt la capitale sur un brancard au milieu des maraîchers, des fruitiers et des poissardes qui hurlent : « Vive Cambronne ! »

Dans les années qui suivent la guerre, le groupe Manet reporte son intérêt sur la place Pigalle que La Nouvelle Athènes et le Rat-Mort, ouverts très tard, rendent particulièrement vivante. Le Boulevard ne perd pas pour autant son attrait. Manet y fait figure de personnalité majeure depuis le succès du *Bon Bock* au Salon de 1873. Les cochers de fiacre se disputent la satisfaction de le conduire. La presse le décrit assis à la terrasse de Tortoni « devant quelque breuvage dispendieux ». L'endroit avec ses sublimes papillotes de levraut et ses escalopes de saumon demeure d'ailleurs un de ses restaurants favoris.

En 1874, l'exposition éponyme des impressionnistes a pour cadre les ex-salons Nadar. Malgré son refus de s'associer à ses camarades, Manet fait figure de chef de groupe. Les restaurants du Boulevard bruissent de commentaires sur ces manifestations que leurs organisateurs cherchent à tenir dans cet environnement publicitairement si flatteur. Celles de 1876 et de 1877 ont lieu rue Le Peletier, celle de 1881 à nouveau boulevard des Capucines.

Quand Manet et Zola déjeunent ensemble, ils se donnent rendez-vous au café Anglais où la gourmandise du romancier s'enchante des potage, crème d'asperge, petites timbales à la Pompadour, truite à la genevoise, cimier de chevreuil… qu'il décrit ensuite à ses lecteurs.

On rencontre aussi Manet au café Riche avec le docteur de Bellio, acquéreur de *Femme attachant sa jarretière* à son exposition, galerie de La Vie moderne, en 1880. Mais son goût le porte alors davantage à retrouver Antonin Proust près de la Madeleine chez Durand que fréquente aussi Alexandre Cabanel,

C'est en allant assister aux procès des insurgés à Versailles que Manet présente le peintre Jean-Louis Forain à Antonin Proust au restaurant du Chemin de fer. Tous trois côtoient ensuite à celui des Réservoirs, Ludovic Halévy, l'ami de Degas. Dans la ville ou siège le gouvernement, le monde politique et la presse internationale se hâtent pour s'asseoir à cette table réputée.

Dès la fin des événements, le Boulevard a repris avec une incroyable rapidité sa physionomie habituelle. La foule envahit les cafés et après ces mois de famine, le peuple de Paris met une volupté amère à renouer avec les anciennes fêtes des Halles par l'élection

peintre plus conventionnel mais camarade compréhensif vis-à-vis de l'avant-garde.

Les Batignolles ne sont cependant pas abandonnés car Manet n'a que la place Clichy à traverser pour atteindre le restaurant du père Lathuille dont un gendre, Gautier-Lathuille assume la succession avec un soin particulier pour la qualité de sa cave. Son grand tableau *Chez le père Lathuille*, pour lequel a posé le fils du restaurateur, enveloppe d'une atmosphère à la Maupassant ce couple attablé sous les tonnelles. Une part du prix a été payée en nature compensant ainsi bien des poulets sautés, des fritures d'éperlans, des pâtés de foie gras et du sauternes.

L'adoption de la Nouvelle Athènes, place Pigalle, comme nouveau lieu de rendez-vous, dérive de la

présence de Degas, Stevens, Renoir dans les environs immédiats. Le graveur Desboutin en est avec Monselet un fidèle et ses pointes sèches en évoquent les habitués. Dans son *Portrait de Desboutin*, Manet a fait figurer un grand chien roux en train de laper un fond de verre : « variété de cette race (décrite par Verlaine), si supérieure à notre humanité d'aujourd'hui, le chien bohème, inconsciemment entretenu mais pas souteneur du tout, le chien de café, de brasserie, de caboulot, ou de taverne, flâneur et fier dans son genre qui est le bon. »

À une table, près de l'entrée, Manet retrouve ses interlocuteurs favoris dont Mallarmé et des artistes plus jeunes (Guérard, Goeneutte, Gervex, Béraud) qui l'admirent et se partagent comme lui entre le Boulevard et Pigalle.

Victorine Meurent, devenue peintre comme le sera un autre modèle alors débutante, Suzanne Valadon, est également une figure familière de la Nouvelle Athènes. Elle plonge lentement dans l'alcoolisme et quand plus tard, Norbert Goeneutte fera son portrait, il l'intitulera *La Glu*, titre d'un roman à succès de Jean Richepin dans lequel l'héroïne demande à son amant : « Apporte-moi demain le cœur de ta mère pour mon chien. »

C'est à la Nouvelle Athènes que George Moore, futur romancier et premier défenseur de l'impressionnisme en Angleterre, entre en contact avec Manet. Jusqu'à ce que celui-ci lui propose de se joindre à eux, il observait rêveusement ce groupe volubile. C'est dans cette attitude que le peintre le représente, un verre de punch près de lui, pour le premier de ses trois portraits.

Le Bon Bock a été l'une des premières images inspirées à Manet par les cafés. « Il boit de la bière de Haarlem » ironise Stevens en parlant du modèle ; « il a bien déjeuné, la marée était fraîche », rime un autre camarade. En 1874, pour commémorer le succès de son portrait, Bellot, aussi bon vivant que son ami

Monselet, fonde les dîners du Bon Bock. Ils se tiennent le deuxième mardi du mois au Guerbois, au Moulin de la Galette, chez Vantier, avenue de Clichy ou bien ailleurs. Les convives boivent à la gloire de Gambrinus, le père mythique de la bière, fêtent la bière de mars, célèbrent jambonneaux, boudins, cervelas et mettent en sonnets les qualités de l'oie et du dindon « que l'on aime bien mieux gonflé de truffes que d'orgueil ».

Cette vie de café, si bien connue et depuis si longtemps par Manet, devient un des thèmes favoris de ses dernières années. Toute une société y est révélée. Dans ces fiefs masculins, les femmes des milieux bourgeois ne viennent jamais seules, sinon pour s'asseoir un moment à une terrasse. On y rencontre toutefois les compagnes des artistes mais à moins qu'il ne s'agisse de buveuses invétérées, les seules consommations alcoolisées qu'elles puissent se permettre sont les fruits à l'eau de vie. *La Prune* en est l'exemple type. La cigarette que tient la jeune femme indique qu'il s'agit d'une femme libre auprès de laquelle on peut tenter sa chance. « À nous les femmes qui fument » proclament à l'époque les élèves de Cormon chez lequel étudie Toulouse-Lautrec.

Degas entraîne Manet dans les cafés-concerts dont il s'est follement entiché : Les Ambassadeurs aux Champs-Élysées, La Scala boulevard de Strasbourg, ou le cabaret de Reischoffen. Les tableaux qu'il leur consacre soulignent une révolution, celle des brasseries à femmes. Le service n'est plus réservé aux sacro-saints garçons, des jeunes filles prennent et apportent les commandes. Elles peuvent même vider une chope pendant leur travail. C'est ce que fait l'une d'elles debout derrière les spectateurs occupés à regarder une chanteuse dont nous voyons le reflet dans une glace (*Le Café-concert*). *Au Café* et *Coin de café-concert* – à l'origine un seul tableau découpé ensuite par le peintre –, illustrent la diversité du public autant que celle des boissons. On déjeune, on dîne, on soupe dans ces brasseries où la choucroute est à l'honneur.

*C*e tableau représente probablement le café-concert installé dans l'enceinte du bal Valentino, rue Saint-Honoré. Il prendra le nom de brasserie de Reischoffen après l'inauguration en 1881 du panorama de cette bataille peint par Poilpot et Jacob. L'une des serveuses est venue poser. Son ami ne l'a pas laissée seule chez un peintre. Belle occasion pour Manet d'évoquer la diversité sociale si caractéristique de ces établissements.
Coin de café-concert, 1879.
Londres, The Trustees of the National Gallery.

D'autres activités s'y déroulent, comme l'écriture – il suffit de demander de l'encre et du papier au garçon –, ou la lecture – les journaux sont enroulés sur un support en bois. *Liseuse à la brasserie* montre ainsi une jeune femme feuilletant un illustré.

Les longues heures passées dans ces endroits par Manet recréent de façon significative une part de son cadre de vie. Une autre appartient à son univers familial. Quelques centaines de mètres les séparent, elles semblent pourtant à des années-lumière l'une de l'autre.

SOIRÉES MUSICALES

*Ah ! Pendez-vous, il y a eu une soirée chez Manet
et vous n'y étiez pas.*

Lettre de Mme Paul Meurice à Baudelaire

Au sortir de l'atelier et hors de l'agitation des boulevards, Manet goûte aux joies plus calmes du milieu familial où magistrats, officiers, médecins, fonctionnaires lettrés se mêlent aux écrivains et aux artistes. Cette bourgeoisie libérale a ses rites mondains et l'essor pris par la gastronomie sous le Second Empire lui impose un code de la bonne chère qui draine dans la capitale les meilleurs produits des provinces. Certains plats sont à la mode : poularde à la Demidoff, pâté de foie gras, canard à la Montmorency, filet de bœuf à la Godard, vol-au-vent financière, pigeonneaux à l'Argenteuil. Le potage est une institution ; Jules Gouffé en répertorie une trentaine de recettes dans son livre de cuisine, bible des maîtresses de maison. Le gibier s'impose chaque automne et quand il ne vient pas d'une chasse privée, il s'achète chez l'incontournable Chevet, traiteur bicentenaire. Manet ne se désintéresse pas de ces questions et l'adresse d'une fournisseuse de pâtés de bécassines, régal des gourmets, figure dans son carnet.

C'est à l'atelier du 49 rue de Saint-Pétersbourg qu'il peint *La Lecture*, lumineux camaïeu de blanc entre la robe de mousseline de Suzanne, les housses d'été du mobilier et les voilages dont la transparence

Le soir, à l'heure du thé, Suzanne Manet charme ses amis par son talent de pianiste. « Il paraîtrait, écrivait en 1863 Baudelaire à Carjat, pour lui annoncer le mariage de Manet, que sa femme est belle, très bonne et très grande artiste. Tant de trésors dans une seule personne femelle, n'est-ce pas monstrueux ? » À l'arrière-plan du tableau, un miroir reflète la pendule offerte en cadeau de mariage à la mère du peintre par son parrain Bernadotte, roi de Suède. *Mme Manet au piano*, 1867-1868.
Paris, musée d'Orsay.

La maison d'Ary Scheffer, le peintre ami de Delacroix, a vu passer toute la génération romantique. Un peu plus tard, sa fille Cornélie Marjolin, reçoit la génération suivante, celle de leurs cousins, les Manet, dans un décor presque inchangé aujourd'hui.

laisse entrevoir les immeubles voisins. Une véritable dichotomie sépare la vie familiale des lieux de travail et de plaisir. Suzanne Manet se rend une dizaine de fois seulement à l'atelier de la rue Guyot, plus rarement encore à ceux du 4 rue de Saint-Pétersbourg et du 78 rue d'Amsterdam.

Elle reçoit chez elle chaque mardi et le jeudi, elle donne une soirée musicale. C'est un mode de divertissement largement pratiqué. On fait ainsi de la musique de chambre avenue Frochot dans le salon très « hugolâtre » de l'écrivain Paul Meurice, avenue Trudaine chez les Le Josne ou bien rue de Mondovi dans l'appartement d'Auguste de Gas, père du peintre, chez lequel le célèbre Pagans chante en s'accompagnant d'une guitare.

Beaucoup des participants appartiennent au cercle des amis de Baudelaire qui confiait à Mme Manet mère au sujet de son fils : « Il me paraît bien difficile de ne pas aimer son caractère autant que ses talents. » Début 1864, une de ses lettres au peintre souligne leur goût commun pour les boissons espagnoles : « Voici l'Amontillado que j'ai ordre de boire avec vous. Puis-je me permettre d'aller ce soir demander à dîner à votre mère ? »

Un de ces amis, Champfleury, s'est éloigné du groupe de Courbet pour rejoindre celui de Manet avec Fioupou, amateur enragé de gravures et de dessins. Champfleury collectionne les faïences révolutionnaires et c'est dans les plus rares exemples d'assiettes au coq ou au faisceau qu'il offre à quelques convives de choix des plats raffinés. Jupille, un des personnages des *Excentriques*, lui a pourtant révélé les bienfaits du végétarisme et les délices d'un « chou à l'étouffée devant lequel un ours ne songerait jamais à enlever une douce brebis ».

Le commandant Le Josne et son épouse se placent aux premiers rangs des inconditionnels du poète et du peintre. Leur soirée donnée en l'honneur du *Déjeuner sur l'herbe* si décrié par la presse, pose un jalon dans l'histoire du goût. On rencontre chez eux Gambetta, Nadar, le compositeur Victor Massé, Barbey d'Aurevilly et bien d'autres.

Les réceptions de Valentine Le Josne, parente des Bazille, mettent le jeune Frédéric Bazille en contact direct avec Manet dès son arrivée de Montpellier. Il y fait aussi la connaissance de Cézanne et cherche à leur faire acquérir les œuvres de ses camarades Renoir et Monet.

Les Le Josne informent Baudelaire, tristement isolé à Bruxelles, de leur vie parisienne. Le 1er janvier 1865, ils ont reçu quelques intimes dont Manet, après avoir dîné le jeudi précédent chez sa mère avec Fioupou, qui offre aux amis des truffes du Périgord grosses comme des boules de croquet. Le 21 janvier, se déroulait chez Manet une petite soirée musicale où assistaient La Madelène, Fioupou, Stevens, Bracquemond, Fantin, etc.

En de semblables occasions, Emmanuel Chabrier fait entendre ses premiers travaux et Palmyre Meurice, fille de Granet, l'ami d'Ingres, joue du Haydn pour Manet, du Beethoven pour Bracquemond, du Schumann pour Fantin-Latour. « Venez et je joue du Wagner » annonce-t-elle à Baudelaire en rappelant que son jour de musique est le samedi.

Ces réunions s'organisent autour du thé de cinq heures, et de celui du soir, vers dix heures, très couru des célibataires. Offert à tout visiteur au « jour » d'une maîtresse de maison, il est moins guindé que le thé prié, c'est-à-dire sur invitation. Ce sont les deux moments où fument partout dans les tasses ce thé que d'après un chroniqueur « l'on boit davantage à la Chaussée-d'Antin qu'à Pékin ».

Quand Sandoz (transposition de Zola lui-même dans *L'Œuvre*, son roman sur les peintres) réunit d'anciens amis pour un dîner, il fait servir le thé dans

la salle à manger : « Il y avait sous les bougies rallumées une brioche, des assiettes de sucreries et de gâteaux, tout un luxe barbare de liqueur, whisky, genièvre, kummel, raki de Chio. Le domestique apporta encore du punch. »

Parfois un raout s'intercale entre les réceptions habituelles. Les échos de celui qui s'est déroulé en février 1865 chez Manet, atteignent Baudelaire à

PAGE DE DROITE
*M*anet adore la compagnie des femmes. Il virevolte de l'une à l'autre pendant les soirées musicales données par Suzanne et sa mère. Plus tard, les filles et les sœurs de ses amis reçoivent, en guise de fleurs ou de fruits confits,

des billets charmants lavés d'aquarelle. Celui-ci est adressé à Isabelle Lemonnier, fille d'un grand joaillier du Second Empire et sœur de Mme Charpentier.

Lettre à Isabelle Lemonnier,
1880. Paris, musée du Louvre.

Bruxelles par la plume de Palmyre Meurice : « Pendez-vous ! Il y a eu une soirée chez Manet et vous n'y étiez pas. Les hommes, vous les connaissez tous, timides comme des poissons rouges, pudiques comme des éléphants ou sauvages comme des ours. Ils ont résolu de nous fuir et se sont installés dans la salle à manger. Manet allait des uns aux autres dans le fallacieux espoir d'un rapprochement. Il y a eu trêve au moment du thé, on s'est réuni pour manger des pâtisseries exquises et boire des infusions enivrantes. Mais la cigarette a de nouveau séparé les deux partis. Cependant Madame Manet a joué comme un ange. Monsieur Bosch a gratté sa guitare comme un bijou, Chérubin-Astruc a chanté. »

Dans ces réunions, une grosse brioche trône au milieu de la table. C'est le sujet de quelques-unes des plus étourdissantes natures mortes de Manet. Une branche de fleurs d'oranger, symbole de mariage, ornait déjà la célèbre *Brioche* de Chardin. Un siècle plus tard, cette pâtisserie joufflue n'a pas perdu son attrait, elle est maintenant piquée d'une rose et figure aussi bien sur les tables bourgeoises que sur les tables ouvrières où la rose est alors en papier. Comme la génoise, autre vedette des thés, ce gâteau se sert toujours accompagné de compotes et de marmelades. Les fruits destinés à celles-ci apparaissent dans les brillantes variations de Manet sur ce thème : *La Brioche fleurie, pêches et prunes, La Brioche fleurie et les poires.*

Dans leurs frénétiques conversations sur l'art, Manet, Degas, Fantin-Latour et leurs amis portent à Chardin un intérêt extrême. La peinture de ce dernier correspond aux recherches plastiques de Manet. La progression du naturalisme va de pair avec la revalorisation du grand artiste réaliste qu'admirait Diderot. Quelques-uns de ses chefs-d'œuvre entrent d'ailleurs en 1869 au Louvre avec la collection du docteur Lacaze, ami du père de Degas.

C'est donc tout naturellement dans la suite du grand maître français autant que dans celle des

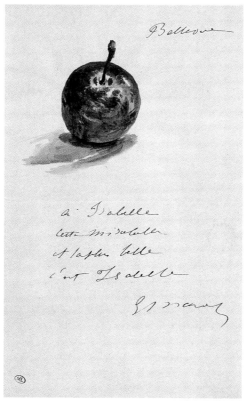

Cette pâtisserie si populaire est dite parisienne quand une tête surmonte sa rotondité. Sujet d'un des plus célèbres Chardin du Louvre, elle a plusieurs fois été représentée par Manet. Piquée d'une rose blanche, elle trône sur un guéridon de l'atelier ou sur la table familiale à l'heure du thé du soir. Dans un milieu aussi épris de musique que le sien, une connotation particulière doit s'attacher à ce gâteau. Autrefois, les amendes données aux musiciens de l'Opéra pour manquements aux règles de l'harmonie servaient chaque mois à l'achat d'une énorme brioche qu'ils partageaient entre eux. *La Brioche fleurie*, 1880. Collection particulière.

Espagnols créateurs de ces natures mortes appelées chez eux *bodegones*, que Manet s'attaque aux thèmes de la vie silencieuse.

Les produits de la mer y mettent leur note luisante. Certains sont peints à peine sortis de l'eau durant les étés passés en famille à Boulogne-sur-Mer. *Le Clair de lune sur le port de Boulogne*, vu de la fenêtre de l'hôtel Folkestone, montre les Boulonnaises en coiffe guettant le retour des bateaux pour transférer homards et langoustes dans les jarres destinées à l'expédition et serrer les harengs dans les caques. Tout cet univers gourmand, filets de sole aux crevettes, soupe de poissons, surgit de ses natures mortes : *Poissons et crevettes*, ou *Bar, grondin, anguille*, en attente devant une poissonnière en cuivre.

En vacances comme à Paris, les victuailles rapportées du marché par la cuisinière se transforment en sujets picturaux. Les jeunes camarades de Manet n'ont pas toujours ses moyens financiers. Mais lorsqu'un client désireux d'orner les murs de sa salle à manger se présente chez un marchand de tableaux, il arrive que ce dernier, à l'instar du père Malgras dans *L'Œuvre*, apporte à des artistes impécunieux en les priant de les reproduire « un beau gigot, une barbue bien fraîche ou un homard avec son bouquet de persil ».

Ce sont, avec bien d'autres, des éléments traditionnels de la cuisine servie dans le milieu de Manet. Trois natures mortes peintes en 1866 ont été composées de toute évidence à partir des plats présentés sur la table familiale.

Le tableau, *Un Lapin* s'inspire de Jean-Baptiste Chardin qui peignait de tels sujets rue Princesse en un temps où le gibier courait sur les pentes de Montmartre et sur les terres de Monceau, des Ternes, des Batignolles, avant que le 11 août 1789, le droit de chasse ne soit accordé à tous. Il s'agit probablement dans ce tableau d'un animal provenant des champs de Gennevilliers. Le lapin s'accommode

souvent en gibelotte, un mets cher à Victor Hugo, quand à son retour de Guernesey, il habite chez les Paul Meurice, puis rue de Clichy.

Pour accompagner *Le Saumon*, sur son plat d'argent classiquement orné de citrons et de persil, une sauce hollandaise semble de mise. On boira du chianti dont on voit à droite une fiasque ou bien du genièvre à la manière néerlandaise.

Fruits et melon sur un buffet met en vedette cette cucurbitacée que Monselet conseillait de vider, d'emplir de fraises des bois, de fermer et de laisser au frais vingt-quatre heures avant de servir.

Les réunions familiales et amicales rythment donc l'existence. La plupart de leurs habitués résident entre le quartier de l'Europe, l'ancien quartier de la Nouvelle Athènes et le nouveau quartier Monceau. Les Morisot, entrés dans ce cercle au milieu des années 1860, font exception puisqu'ils habitent Passy.

Au retour de l'un de ces jeudis soirs chez Manet, Berthe relate à sa sœur Edma avoir trouvé Fantin plus aigre que jamais mais « ce dernier, dit-elle en parlant de leur hôte, était d'une gaieté folle, il débitait cent extravagances plus drôles les unes que les autres. Pour le quart d'heure toutes ses admirations sont concentrées sur mademoiselle Gonzalès mais son portrait n'avance toujours pas. »

Les amis peintres viennent souvent chez les Morisot, rue Franklin. Edma, éloignée de Paris par son mariage, regrette : « Causer avec Degas tout en le regardant crayonner, rire avec Manet, philosopher avec Puvis me paraissent autant de choses dignes d'envie. »

On passe dans toutes ces maisons familières après le dîner qui se sert à sept heures, ou plus tard après le théâtre. Le peintre Bertin, un des héros de Maupassant, monte ainsi vers dix heures chez des amis et dès son arrivée deux domestiques apportent la table à thé où l'eau bouillonnante fume sous la flamme d'une lampe à esprit de vin et disposent autour sandwiches au foie gras, menues pâtisseries

$\mathcal{L}$'heure du laitier qui dépose ses bidons aux portes ou livre le lait à la louche précède de peu le départ de la cuisinière pour le marché. Elle prend l'omnibus pour les Halles afin d'avoir les framboises les plus fraîches et revient lourdement chargée quand débute la saison des confitures.

autrichiennes et anglaises, sirop, liqueurs et verres pour faire si l'on veut un grog.

Les mères et les filles de la maison tirent l'aiguille pour de minutieux chefs-d'œuvre de tapisserie ou de broderie, à moins qu'elles ne peignent quelque éventail à l'aquarelle. Souvent la maîtresse de maison se met au piano comme l'évoque le portrait de Suzanne Manet réalisé par son époux. Degas avait également représenté le couple, elle à son clavier, lui à demi-vautré sur un divan. Une brouille passagère en a

résulté car Manet a coupé la partie où figurait sa femme, trop peu flattée à son gré.

On compte parmi leurs proches Cornélie Marjolin, épouse d'un médecin qui soignera fidèlement Manet. Parente de l'artiste par son père Ary Scheffer, le grand peintre romantique, elle l'est aussi d'Ernest Renan, époux de sa cousine. Aujourd'hui, sa maison de la rue Chaptal est devenue, sous le nom de musée Scheffer-Renan, le musée de la Vie romantique. Le décor n'a guère changé depuis que Cornélie, elle-même sculpteur et céramiste, recevait Manet et faisait cuire les assiettes qu'il s'amusait à décorer. Tabarant, qui en posséda une, signale que plusieurs d'entre elles étaient accrochées aux murs de l'appartement d'Antonin Proust. L'art de la céramique est d'ailleurs fort prisé autour d'eux ; bien des maîtresses de maison utilisent le célèbre service japonisant dessiné par Bracquemond, les assiettes décorées par Monginot et les porcelaines d'inspiration impressionniste fabriquées à Limoges ou dans l'atelier d'Auteuil par Haviland.

Quand la guerre prend une tournure menaçante et que l'encerclement de Paris devient probable, Manet envoie sa mère, sa femme et Léon à Oloron-Sainte-Marie. Le peintre, ses deux frères et leur valet de chambre s'engagent dans la garde nationale. Degas, Stevens et Bracquemond aussi. Leur entourage se disperse, les Gonzalès ont gagné Dieppe avec leurs filles. Berthe Morisot et ses parents restés à Paris offrent un accueil chaleureux aux combattants. Pourtant, « le récit que les frères Manet nous ont fait de toutes les horreurs par lesquelles nous risquons de passer, écrit Mme Morisot à Edma le 18 octobre, était presque à décourager les gens les plus solides. Tu connais leurs exagérations accoutumées. »

Dès septembre cependant les boucheries et les épiceries n'ouvrent plus que trois fois par semaine. Bientôt elles fermeront les unes après les autres. Les queues deviennent interminables. Aux Batignolles, elles commencent à quatre heures du matin et les derniers n'ont rien. « Nous sommes réduits à vingt-cinq grammes de viande par personne, indique Manet à sa

*U*ne caricature du journal *Amusant* prouve que cette nature morte éclatante et raffinée figurait en 1867 à la manifestation privée tenue par Manet pendant l'Exposition universelle. Le melon se sert parfois en dessert ce que corrobore sa présence à côté de pêches, de poires et de raisin. La dimension exceptionnelle de ce cantaloup de l'espèce dite « des environs de Paris » a dû faire la gloire du jardinier qui a jalousement veillé sur sa croissance abritée par une cloche de verre. *Fruits et melon sur un buffet*, 1866. Washington, National Gallery.

Les fruits que peint Manet
sont souvent destinés aux
compotes ou aux tartes.
Celles-ci font partie des trois
desserts qui succèdent aux
entremets glacés dans
les dîners de huit couverts, à
moins qu'elles n'apparaissent
sur la table du thé servi vers
onze heures du soir.

femme le 25 octobre, le lait est pour les enfants et les malades. » En novembre, le gaz commence à manquer. « La nourriture devient impossible. Conseille à maman de faire pour votre retour des provisions de conserves, la vie sera horriblement chère à Paris après le siège. Tout est ruiné aux environs, les pommes de terre coûtent ici huit francs le boisseau. »

Eva Gonzalès et Suzanne apprennent par ses lettres qu'il y a maintenant des boucheries de chats, de chiens, de rats. « Nous ne mangeons plus que du cheval, quand nous pouvons en avoir ! » Le 23 novembre : « On a tué le gros chat de Marie (leur cuisinière). On soupçonne quelqu'un de la maison. Naturellement, c'était pour le manger et Marie en a pleuré. » Le 30 décembre : « Il fait un froid de loup, le charbon se garde pour la cuisine, et quelle cuisine ! »

Goncourt, pour sa part, note le 31 dans son journal : « Chez Roos, le boucher anglais du boulevard Haussmann, à la place d'honneur [se trouve] la trompe écorchée de Pollux l'éléphant du Jardin d'acclimatation et au milieu de viandes excentriques des rognons de chameau. »

À cette date il n'y a plus que « des étrennes utiles » signale le chroniqueur Francis Wey : « gilets de flanelle, réchauds pour la garde aux remparts, quatre bûches, un couple d'œufs frais pour des amis chez lesquels on a dîné souvent, un morceau de fromage, des boîtes de Liebig, des pâtés de rats. » « Exquis ! » se souviendra un jeune polytechnicien.

Les cadeaux tout à fait élégants proviennent des abattages du Jardin des plantes et du Jardin d'acclimatation. Une livre d'ours, de chameau, de kangourou, de gazelle, voire d'orang-outan est particulièrement bien venue, cela coûte trois ou quatre francs. Poulets et pâtés sont inabordables et tous les jours des femmes s'évanouissent.

Le 30 janvier : « C'est fini, apprend Manet à sa femme, et nous sommes tous les trois sur nos pieds et au complet. Il n'y avait plus moyen d'y tenir. On

mourait de faim ici ; nous sommes tous maigres comme des clous, j'ai pu pour me remettre avoir quelques livres de vache que j'ai payé sept francs la livre et nous allons nous payer ce soir un bon pot-au-feu, sans légumes bien entendu ! »

Dès l'armistice, les Morisot quittent Paris pour Saint-Germain-en-Laye où les attend Puvis de Chavannes. Berthe, très éprouvée par les privations, a rejoint sa sœur en Bretagne. Quant à Manet, parti chercher les siens à Oloron, il revient vers la fin de la Commune, ce que Mme Morisot signale à ses filles en indiquant que leur frère « Tiburce a rencontré deux communaux au moment où on les fusille tous : Manet et Degas. Encore à présent, ils blâment les moyens énergiques de la répression. »

Pour oublier les horreurs de la guerre et la répression qui a suivi la Commune, Manet a passé un mois à Boulogne-sur-Mer – l'une de ses toiles montre les Gonzales et Roudier jouant au croquet sur la terrasse du casino – puis s'est arrêté à Trouville avant de reprendre ses habitudes parisiennes.

Mme Morisot annonce alors à Berthe : « J'ai trouvé le salon Manet revenu au même état, une chaleur suffocante, les gens parqués dans l'unique salon, les boissons chaudes et pourtant, Pagans a chanté, Madame Édouard a joué et Monsieur Degas était présent. Je ne dis pas qu'il a papillonné ; il avait l'air complètement endormi. » Lors de ces réunions, Suzanne interprète souvent des œuvres de Chabrier qui lui dédie son premier Impromptu pour piano, publié en 1873. Ce sont Manet et son ami Alphonse Hirsch qui accompagneront le compositeur déclarer la naissance de son fils.

Tous ces contacts établis au fil des années entraînent des mariages. En 1869, ce sont ceux de Fanny Claus, la violoniste, avec le peintre Pierre Prins et d'Edma Morisot avec Adolphe Pontillon, l'un des pilotins embarqués en 1848-1849 avec Manet pour le Brésil. En 1874, Eugène Manet épouse Berthe Morisot. Puis en 1878, Eva Gonzales convole avec le graveur Henri Guérard.

Ces tables amies et bien d'autres, que réjouit la présence de Manet, s'inspirent probablement des plats suggérés par *La Dernière Mode* pour établir leurs menus. Mallarmé a lancé en 1874 cette revue qu'il dirige sous le pseudonyme de Marasquin, la liqueur de cerises si prisée de tous ses amis. Il en rédige les articles sous des noms fantaisistes et signe : « Le chef de bouche de chez Brébant » les menus qu'il y concocte… Voici le 15 novembre 1874 celui d'un déjeuner ordinaire : huîtres (Marennes, Ostende) ; crevettes bouquets ; saucisson de Lyon (beurre de Prévalaye) ; petits pieds de cochon farcis à la Duthé (chaud) ; côtes de mouton

FÉLIX GAUCHARD, *Grand Dîner parisien.* Menu symbolique à propos de l'alimentation des Parisiens pendant le siège de la ville par les Allemands (décembre 1870-janvier 1871). Gravure d'après un dessin de C. Blocquel. Paris, musée Carnavalet, cabinet des estampes.

CI-CONTRE
Manet n'a que le pont de l'Europe à traverser pour aller chez son ami Alphonse Hirsch dont le jardin rue de Rome domine la voie ferrée. Degas note dans un carnet l'intérêt d'une « série sur la fumée des locomotives, des hautes cheminées des fabriques, des bâteaux à vapeur ». Victorine Meurent est le modèle de ce tableau acquis à l'atelier par le chanteur Faure et reçu au Salon de 1874. *Le Chemin de fer*, 1873. Washington, National Gallery.

provençales au gratin ; poulet sauté bourguignonne ; grives rôties ; rémoulade de céleri ; buisson d'écrevisses au vin du Rhin ; Desserts : fromage camembert, miel de l'Hymette, fruits et gâteaux. Café, liqueurs, rhum de la Jamaïque. Cigarettes russes au dubèque aromatique, bureau spécial ou de Havane (Régie). Cigares : Partagas et Cabanas (Grand Hôtel). Vins : chablis, mouton ; grands ordinaires : Île verte (médoc) 1870 et moulin à vent, malaga G. Dôrr.

Après ces agapes à propos desquelles il est bon de rappeler que l'on ne prend souvent qu'une bouchée d'un plat, la marche pour revenir à l'atelier est bénéfique. On peut aussi entreprendre des activités distrayantes et digestives chez des amis, ce que Manet décrit dans *La Partie de croquet à Paris* (elle se déroule dans l'immense jardin de l'hôtel particulier récemment acheté rue des Martyrs par Alfred Stevens). À l'intérieur, des rafraîchissements attendent les ravissants modèles qui déchaînent parfois la tempête dans les ménages. Ainsi le couple Stevens, à demi-brouillé à cause de l'une d'elles, n'est même pas chez lui pour un de ses mercredis si bien que « les Manet et Degas se reçoivent entre eux ».

Le Belge Stevens doit faire apprécier à ses amis la cuisine flamande : plats à la bière, matelote d'anguilles, tartes au sucre, compote de rhubarbe. Elle est plus élaborée que la cuisine hollandaise révélée sans doute à Manet par Suzanne, sa mère et ses deux sœurs mariées l'une au peintre Vibert, l'autre au sculpteur italien Mezzara.

Parmi les artistes étrangers de son entourage, Manet fréquente régulièrement Giuseppe de Nittis. Il a passé juillet 1870 chez lui, à la Jonchère, entre Rueil et Bougival. Plus tard, il assiste souvent à ses dîners du dimanche soir, avenue du Bois puis rue Viette. Ceux-ci regroupent dans une familiarité joyeuse Degas, Zola, Goncourt, les Charpentier. Chez ce

Pour Manet, comme pour tant d'autres, le chemin de fer transforme la vie : dimanches à Gennevilliers dans la maison familiale des Manet ou chez le cousin Jules de Jouy qui eut Gambetta comme secrétaire, déjeuners à Bougival ou à Argenteuil, villégiature de soins à Bellevue, Versailles, Rueil, séjours balnéaires à Boulogne-sur-Mer ou à Berck. « Plus que jamais, conseille alors Mallarmé, c'est le moment de lire en wagon, sur le hamac du jardin, sur les chaises des plages. »

peintre italien les entremets d'artichauts sont garnis de risotto à la napolitaine et le maître de maison entraîne ses hôtes à la cuisine assister à la préparation des pâtes.

En 1876, les Manet ont été invités au château de Montgeron par Ernest Hoschedé qui compose sa collection de peinture moderne avec enthousiasme mais dépense sans modération. Deux ans plus tard, la faillite de ce mécène que sa femme Alice quittera bientôt pour Monet, ébranle la peinture impressionniste. Manet le représente dans son parc avec Marthe, sa fille aînée. De rutilantes boissons d'été les attendent sur un guéridon : vermouth ou sherry gobler si en vogue à l'époque, pour lui, sirop de fraise ou cerisette pour elle.

Jusqu'à la fin de sa vie, Manet alterne « le goût des joies calmes de la bourgeoisie moderne » que Zola notait chez lui en 1866, avec d'autres distractions. Au « jour » de sa mère et de sa femme, les épouses de tout ce qui compte dans l'intelligentsia parisienne défilent dans leur salon où joue le chat Zizi, cadeau de Mme Jules Michelet. Un écho de cette atmosphère passe dans les toiles où Berthe Morisot et Mary Cassatt représentent, chacune dans son propre foyer, une visiteuse tenant une tasse de thé dans sa main gantée.

Les invitations entraînent Manet aux trépidants dîners de Mme Charpentier et, certains dimanches, à ceux du docteur Blanche, où d'anciens amis de son père et les Fantin-Latour se retrouvent autour d'un menu immuable : potage Crécy, ris de veau à la financière, turbot sauce mousseline aux crevettes, caneton à la broche, petits pois et navets.

Une cure à la clinique hydrothérapique de Bellevue qui avait si bien réussi à Banville, lui a été prescrite à l'automne 1879. Baigné, massé, étrillé, soumis à un régime draconien, il la supporte grâce au voisinage d'Émilie Ambre, « une châtelaine prima donna » qui lui commande son portrait. Le tableau le remet dans l'ambiance du théâtre et de la musique et ses déjeuners le changent du régime de la clinique. Le portrait de la diva en Carmen, son rôle fétiche, sera

terminé à son retour d'Amérique. Pendant sa tournée, elle a emporté pour une représentation à la Barnum *L'Exécution de Maximilien* refusé à Manet par le jury du Second Empire.

L'année suivante, la location d'une maison appartenant à la cantatrice lui permet d'être entouré par sa famille et distrait par ses amis. En bavardant, il brosse des natures mortes. Ephrussi acquiert ainsi *Les Asperges*, tableau auquel est lié une anecdote. Manet estimant qu'il l'avait surpayé lui renvoya un tableautin appelé *L'Asperge* avec cette note : « Il en manquait une à votre botte. » Ce légume faisait alors la gloire d'Argenteuil depuis qu'un cultivateur, en les plantant entre ses pieds de vigne, lui avait permis d'atteindre une grosseur remarquable.

Chaque jour à l'aube, la banlieue parisienne déverse dans la capitale des montagnes de légumes et de fruits. Zola en donne une description hallucinante

dans *Le Ventre de Paris*. Manet s'y réfère d'ailleurs, lorsqu'en avril 1879, il soumet au conseil municipal de Paris, dont fait partie son frère Gustave, un projet pour la décoration de l'Hôtel de Ville reconstruit après l'incendie de la Commune : « J'exécuterais, écrit-il, des compositions représentant, pour me servir d'une expression aujourd'hui consacrée, le ventre de Paris. J'aurais Paris Halles, Paris Chemin de fer, Paris Port… »

Pour sa saison hydrothérapique de 1881, le banquier belge Bernstein lui loue une villa non loin de sa propre résidence. C'est là qu'il peint l'époustouflant portrait du jeune Henry Bernstein, futur auteur dramatique et s'attaque à des panneaux décoratifs dont *Le Lièvre*. Ce gibier apprécié, à propos duquel Barbey d'Aurevilly conseillait à des amis : « Embrochez-le puisque le drôle ne peut attendre », sera sans doute préparé à la Parisienne, c'est-à-dire farci.

En 1882, sa dernière villégiature a pour cadre une maison de Rueil appartenant aux Labiche. Les amis qui vont à La Grenouillère ou bien à Chatou chez Fournaise peuvent passer lui rendre visite, les Eugène Manet aussi, installés pour la saison à Bougival.

Pendant ces étés fastidieux, ponctués par trois séances quotidiennes de soins en clinique, il dessine une grenouille près d'une cloche à melon, des concombres avec leurs feuilles ou bien exécute, comme en s'amusant, de petits sujets de fruits présentés parfois dans ces corbeilles d'osier dont la forme n'a guère changé depuis Chardin. Certains proviennent de ses différents jardins, d'autres de ces villages qui tirent gloire de leurs productions : pêches de Montreuil, chasselas de Thomery, cerises de Montmorency.

À peine cueillis, ils ornent la table sans que les pêches aient perdu leur aspect duveteux ou les raisins cette poussière qui, faisait remarquer Manet, « modèle la forme en l'adoucissant ». Transformés en confitures, on les sert au dessert, au goûter des enfants, aux thés de leurs mères. Il n'est pas de table où ne figurent

Boulogne, d'où les bâteaux pour Folkestone mettent Londres à quelques heures de la France, est la plage favorite de la famille Manet. Le peintre y peint des baigneuses sur la plage, des voyageurs se pressant au départ du vapeur, des natures mortes et de sa fenêtre à l'hôtel, cette sublime vue nocturne. Elle souligne l'activité permanente du port et, le labeur continu des femmes de pêcheurs. Emportée par Stevens à Bruxelles au salon des Beaux-Arts, cette toile rencontre un succès que Paris refuse trop souvent à Manet. *Clair de lune sur la plage de Boulogne*, 1869. Paris, musée d'Orsay.

Cette année-là, les Manet ont abandonné Boulogne pour Étaples et Berck. Suzanne et son beau-frère Eugène posent sur cette plage à vocation plus thérapeutique que mondaine. La masse triangulaire des figures évoque les *makimonos* japonais du XIIIᵉ siècle. Théodore Duret revient d'un voyage en Extrême-Orient avec Cernuschi et doit avoir fait connaître à son ami cet art plus sobre que les japonaiseries en vogue à Paris.
Sur la plage,
1873. Paris, musée d'Orsay.

des confituriers de cristal ou de porcelaine. Oranges, reines-claudes, quetsches, giraumons, groseilles, rhubarbes, tomates, la diversité des fruits et même des légumes employés n'a pour limite que l'imagination des cuisinières. Un conte de Maupassant décrit la confection de la confiture de poires. C'est peut-être à cette opération que se livre Léon Koella dans *Le Jeune Homme à la poire.*

L'attrait pour la jeunesse qu'a toujours manifesté Manet se reflète dans sa correspondance. Aquarelles et dessins agrémentent les lettres de ses dernières années. Ils composent un abécédaire allusif et gustatif : châtaigne entrouverte pour Marthe Hoschedé,

mirabelle pour rimer avec Isabelle, jeune sœur de Mme Charpentier.

Un perpétuel désir de visite s'exprime dans ses lettres. « Venez donc nous demander à déjeuner » indique l'une d'elle écrite au banquier Albert Hecht. Elle est ornée de prunes et de cerises, ces fruits qui sous forme d'eau-de-vie ou de liqueur concurrencent le cognac de Duret, leur ami commun. La sollicitude de sa femme et de sa mère, les invitations qu'elles lancent pour le distraire éclairent ses vacances forcées ainsi que ses dernières années. Remercier Suzanne de lui « avoir fait une vie bien tendre et bien douillette », sera l'une de ses dernières pensées.

SÉDUCTION

Ce fut un beau souper (…)
Les dames cependant suçaient des écrevisses
Et se lavaient les doigts avec le vin du Rhin.

Théodore de Banville

« Ce riant, ce blond Manet, de qui la grâce émanait » plaît aux femmes autant qu'elles lui plaisent. Parentes ou maîtresses, jeunes ou vieilles, de milieu et de culture divers, elles forment autour de lui un cercle de charme. Ses portraits conservent leurs images telles qu'elles apparaissaient dans les restaurants en vogue et les dîners. Actrices débutantes, courtisanes arrivées ou folles égéries des artistes et des écrivains, elles savent divinement alterner menus raffinés et nourriture canaille. Toutes souhaitent avoir Manet pour convive.

La Dame aux éventails éternise les traits de la plus folle d'entre elles : Nina de Callias, fille de Joseph Jean Gaillard, un riche avocat d'affaires lyonnais fixé à Paris. Adolescente, elle ne rêve que de Murger et de sa *Vie de bohème*. Adulte – mais si peu –, cette muse tendrement démente devient la providence des poètes démunis. Son mariage en 1864 avec le bel Hector de Callias, journaliste au *Figaro*, grand « tortoniste » et solide buveur, s'est soldé trois ans plus tard par une séparation mais lui a laissé le goût des boissons fortes.

Liée depuis des vacances à Fontainebleau en 1862 avec Mallarmé, Cazalis (le poète Jean Lahor), cousin de Frédéric Bazille et des Le Josne et la musicienne Augusta Holmès – fille, dit-on, d'Alfred de Vigny –, l'expansive Nina compose elle-même poèmes ou

Les invitations à déjeuner lancées ou reçues par Manet pendant ses cures à Bellevue représentent la meilleure des thérapeutiques. « La présence d'une femme, n'importe laquelle, le remettait d'aplomb » rappellera son ami Prins, d'où sa déception devant les silences épistolaires d'Isabelle Lemonnier « bien occupée ou bien méchante » dont il a plusieurs fois représenté les traits agréables mais un peu pincés.

Bouton de rose, lettre sur feuille aquarellée. Paris, musée du Louvre.

mélodies qu'elle signe Nina de Villard et devient très vite la naïve égérie des Parnassiens et de leurs amis musiciens ou peintres.

Dans « le salon de la tant célèbre, de la tant regret-tée Mme Nina de Callias » se fondent alors, rappel-lera Verlaine vingt ans plus tard, « peinture et musique, poésie et prose, de la danse et du jeu, quelque politique presque farouche ». Rochefort, Villiers, les frères Cros participent à « ces nuits reten-tissantes de poésie et de musique » où Chabrier et Cabaner défoncent presque le piano. Une admiration inconditionnelle pour Wagner unit les convives dont certains ne se nourrissent que « d'un radis et de l'air du temps ». C'est le cas du catalan Cabaner dont nous connaissons les traits émaciés grâce à son ami Renoir et à Manet. Ses variations orchestrées et rimées sur le thème du *Pâté* répercutent avec ironie de bien tristes fringales.

Chez Nina, on verse toujours du kirsch pour les messieurs dans le thé du soir et jusqu'à l'aube chacun est sûr de trouver du champagne, du rhum, du madère, des douzaines d'œufs pour une omelette, du poulet froid et quelque soupe à l'oignon gratinant

dans un four. Villiers de l'Isle-Adam est très vite devenu son amant et quand on lui reproche de se laisser entretenir, il répond : « Voilà bien du bruit pour quelques côtelettes. » « Je dîne au quartier Ninacum », indique Verlaine en 1869 tandis qu'un an plus tard, Villiers signale à Mallarmé : « Madame de Callias est ici avec des provisions pour le siège. »

Pendant la Commune, elle en accueille généreuse-ment les représentants (Raoul Rigault, Jules Vallès, Dombrovski) et dès sa chute, se replie sur Genève avec un nouvel amant, Edmond Bazire, journaliste ami de Manet. Elle y organise des concerts au profit des proscrits.

À son retour à Paris, elle habite aux Batignolles une demeure Directoire prolongée d'un grand parc. Une sorte de fiesta permanente s'y déroule avec tou-jours des artistes bohèmes comme Germain Nouveau, camarade de Cézanne et de Verlaine ou Desboutin dont l'atelier est rue des Dames. Charles Cros, poète et inventeur génial (phonographe, photographie des couleurs) est maintenant l'amant en titre. Le premier de ses monologues humoristiques : *Le Hareng saur, (Il était un grand mur blanc, nu, nu, nu... / Et par terre un*

En arrière-plan, Manet a disposé des éventails japonais sur la tenture de même origine. Il aurait pu les exécuter lui-même car il brosse parfois des scènes sur les éventails de ses amis. Zola lui en a ainsi envoyé un pour le décorer mais il le trouve à la fois trop beau et trop laid : « J'aurais voulu un éventail de bois blanc de un franc et une feuille de papier, j'aurais peint manche et feuille. » *La Dame aux éventails, Portrait de Nina de Callias,* 1873. Paris, musée d'Orsay.

hareng saur sec, sec, sec) que pendant des années
l'acteur Coquelin Cadet, ami lui aussi de Manet,
récitera dans les salons, a vu le jour pendant la
famine de « l'année terrible ». Peintre à ses heures, il
représente dans une veine romantico-réaliste les traits
de sa maîtresse.

« Venez donc 82 rue des Moines chez Madame
de Villard, j'y peins tous les jours avec mon frère
Henry », propose Charles Cros à Manet en 1873.
Le poème composé par Cros pendant que Manet
brosse ses études fait revivre à la fois le peintre et
son modèle :

> *Sachant qu'elle est futile et pour surprendre à l'aise*
> *Ses poses, vous parliez des théâtres, des soirs*
> *Joyeux, de vous marin, stoppant près des comptoirs,*
> *De la mer...*
> *Autour du cou, papier d'un bouquet, cette fraise,*
> *Ce velours entourant ces souples nonchaloirs*
> *Ces boucles sur le front,*
> *Ces traits, cet abandon opulent et ces tons*
> *(Vous en étiez, je crois, au club des Mirlitons)*
> *Ont passé sur la toile...*

Un premier portrait de Nina, entrepris par Manet
rue de Saint-Pétersbourg, la montre vêtue d'un man-
telet. Dans la version finale, elle pose dans une robe
noire à boléro d'inspiration très espagnole, accordée à
son piquant méridional. Lorsque Hector de Callias
apprend par les journaux qu'un portrait de Mme de
Callias figurera sans doute au Salon, il écrit à Manet :
« Mon cher ami, (...) Il était convenu entre cette
femme et moi qu'elle prendrait tous les noms qu'elle
voudrait excepté le mien. (...) Veuillez lui rappeler
cette convention. » Manet n'intervient pas mais le
tableau ne quittera jamais son atelier.

« C'est une merveille qui ira au Louvre », déclare
Berthe Morisot quand elle l'achète après la mort de
son beau-frère. La jeune femme doit connaître Nina
pour être venue à ses mercredis mondains mais elle n'a
probablement jamais assisté à ses dîners quotidiens de

𝒰ne foule de colifichets
agrémentent les toilettes.
Ombrelles de chantilly
et mitaines de filet préservent
du soleil pendant
les promenades au jardin.
Les réticules perlés ou brodés
recèlent de minuscules
mouchoirs en valenciennes
et les éventails permettent
tous les jeux de la coquetterie.

vingt couverts où Mallarmé, Bracquemond, Manet,
Cézanne apparaissent, ni aux fêtes délirantes données
dans ce jardin où des cacatoès volent librement près
des canards mandarins qui voguent sur le bassin.
Sarah Bernhardt y récite du Baudelaire et des vers de
leur hôtesse pendant que celle-ci improvise à l'orgue
en sirotant du raki ou du kummel.

Comme dans beaucoup de maisons, des tables de
whist ouvrent à partir de dix heures ; le thé suit. « On

Zola débute son roman en
montrant l'héroïne chantant
dans *La Blonde Vénus*, opérette
jouée aux Variétés. Le livre et
la pièce donnés à l'*Ambigu* en
1881, excitent la verve de tous
les caricaturistes. Certains
représentent Nana en corset
comme Manet l'avait

imaginée en 1877, d'autres
vêtue de robes portées sur
scène par Léontine Massin.
*Nana dans le rôle de la blonde
Vénus.* Paris, Bibliothèque nationale,
cabinet des estampes.
À DROITE
Œufs brouillés aux truffes.
Voir recette page 145.

sur la table dans lequel des mains prenaient à même. »
À côté de Nina couronnée de roses croulantes, il y a la
trépidante Mme Ratazzi, ex-comtesse de Solms que
son cousin Napoléon III avait expulsée pour ses activités antigouvernementales et parmi les dîneurs,
Catulle Mendès, Richepin, Villiers, Coppée et Cros
avec lequel Lorin dort tout habillé dans le grenier.

Convive habituel de la rue des Moines, Paul Alexis,
camarade de Cézanne et de Zola, évoque l'endroit
dans un roman où Manet apparaît sous le nom
d'Édouard Thekel et Cézanne sous celui de Poldex.
Presque trente ans plus tard, une lettre de ce dernier à
son fils laissera percer la nostalgie de ces dîners que
Verlaine qualifiait de « médianoches féeriques ».

Cette maison que ses hôtes transforment en
champ d'expérimentations occultistes apparaît chargée de sortilèges au poète Maurice Rollinat. Mais
l'absinthe dont Charles Cros chantait « l'heure
verte » entraîne déjà vers le cimetière des Batignolles
bien des obligés « de cette muse un peu démente »
qui a pour dernier amant Franc-Lamy, un intime de
Renoir. Nina meurt folle, un an après Manet. « Ce
que les peintres n'ont pu montrer, écrira Bazire, c'est
son cœur qui était si bon, son âme qui était si claire,
son esprit qui était si beau. » Et Charles Cros se souviendra : « C'était la plus belle à jamais/Parmi les
filles de la terre. »

Le même milieu se retrouve aux soirées musicales
d'Augusta Holmès, compagne de Catulle Mendès.
Dans *La Vie parisienne*, les chroniques de Manoel de
Grandfort, amie commune de Nina et d'Augusta,
donnent un aperçu de ce qui doit se servir chez elles :
« Le thé de cinq heures devient amusant, note-t-elle
en 1879. D'où viennent les femmes pour avoir faim
comme cela ? » et elle décrit « le grand panier de gla-
neuse plein de fruits, une daube dans un plat
d'argent. Les pyramides de sandwichs, les savarins
dorés, les ananas en tranches. Les vins de Malaga et
de Constance dans leurs flacons de vieux Venise. »

devrait finir vers quatre heures du matin mais il y a
trop de pertes pour s'arrêter là ; on ne se sépare donc
qu'au petit jour après avoir sonné pour de la viande
froide. » D'autres jeux sont également pratiqués car
un dessin de Germain Nouveau montre Nina, sa
mère et Charles Cros jouant au baccarat.

Le caricaturiste Lorin, emmené à la maison des
Batignolles par un acteur à la sortie du théâtre, décrit
une entrée sombre puis une pièce illuminée où, « sur
un mur blanc, pendaient des harengs saurs. Beaucoup
d'hommes, peu de femmes. Un plat de bouilli flottait

Le monde du théâtre est également très présent chez ces hôtesses si accueillantes : des actrices confirmées ou débutantes interprètent des pièces en un acte, participent à des tableaux vivants. C'est à une habituée de ces soirées, Henriette Hauser, que Manet demande de poser pour *Nana*, tableau devenu célèbre avant même que le roman de ce titre ne paraisse en librairie. Les débuts de la toute jeune Nana dans la galanterie se produisent en effet dans le précédent ouvrage de Zola, *L'Assommoir*, publié en feuilleton en 1876.

Avec *Nana*, Manet crée le prototype exquis d'un univers qu'il côtoie depuis longtemps. Henriette Hauser est la maîtresse favorite du prince d'Orange (fils du roi Guillaume de Hollande), surnommé Citron dans le monde de la grande noce. C'est à cette ravissante blonde que Nadar a répondu : « Venez donc chez le mastroquet, je vous offre un saladier de vin chaud, *il y aura des ronds de citron*. » Elle fait partie, comme la célèbrissime Païva, de ces étoiles du demi-monde dont le prince de Galles, Khalil Bey, ambassadeur de Turquie et le prince d'Orange comblent les caprices. Cora Pearl, l'une des plus célèbres, raconte dans ses mémoires qu'en quinze jours de cure à Vichy, elle a dépensé plus de trente mille francs de nourriture – et cela quand en France le gain moyen d'un homme est de quatre francs soixante par jour et celui d'une femme, de deux francs vingt.

Au cours des dîners, quand leurs cavaliers parlent Bourse ou turf, elles utilisent entre elles le « deuguedeu », un « javanais » perfectionné totalement incompréhensible aux non-initiés. De sept heures du soir à cinq heures du matin, on peut les rencontrer au café Anglais où les « pommes Anna » portent le nom de l'éblouissante Anna Deslions, maîtresse du prince Jérôme Napoléon. Dans ces hauts lieux de la grande cuisine, les cabinets particuliers ne sont pas réservés aux parties fines. Ainsi Flaubert, arrivant de Croisset pour rejoindre Goncourt au café Riche,

*U*ne surenchère décorative marque les dîners des grandes cocottes : tasses à café d'argent, verres gravés et dorés, porcelaines aux décors surchargés.

La mode est d'ailleurs à l'accumulation et sur les tables, les corbeilles de fleurs et de fruits encadrent des surtouts sculptés par les plus inventifs céramistes de Sèvres.

réclame-t-il un salon afin de ne pas avoir de voisins témoins de ses discussions et pouvoir ôter à son gré pardessus et bottes.

Un des salons du café Anglais, le Grand Seize, est celui des têtes couronnées. En 1867, année où l'Europe entière court à Paris pour l'Exposition universelle, le journal *Le Nain jaune* décrit cette pièce « tendue de papier rouge à hiéroglyphes d'or, canapé ponceau » dans laquelle dînent le roi de Prusse venu avec le prince royal, l'empereur de Russie accompagné

du tsarévitch et M. de Bismarck. L'illustre Dugléré leur présente sous des dénominations élégamment allusives ses plats les plus renommés : carpe du Rhin à la Chambord, filets de faisan à la Metternich, filets de crevettes Bagration, le tout arrosé d'un madère retour de l'Inde, d'un château Laffitte 1848, d'un Johannisberg Metternich 1837 et surtout d'un tokay 1824. Après la débâcle impériale de 1870, la fête reprendra mais n'aura plus jamais la splendide inconscience du Second Empire.

Dix ans après ce dîner de souverains, le jury du Salon de 1877 repousse à l'unanimité le portrait de *Nana,* si révélatrice de son métier. Mais peut-être est-ce moins pour des raisons de morale que de politique étrangère, liées à la nouvelle Exposition universelle prévue l'année suivante. Dès le refus du tableau, Giroux a proposé de l'exposer boulevard des Capucines. Devant la vitrine de ce grand marchand chez lequel toutes ces dames achètent éventails de nacre et de Valenciennes, flacons de sel en cristal de Bohême, coquetiers de Saxe en forme d'amours et mille petits cadeaux ruineux, tout Paris défile pour voir ce qui suscite une telle levée de boucliers.

Huysmans, employé au service des cercles et des jeux au ministère de l'Intérieur, comme Chabrier, et déjà lié au groupe naturaliste, remarque : « Nana, la Nana de *L'Assommoir* se poudre le visage d'une fleur de riz. Manet a eu absolument raison de nous présenter dans sa *Nana* l'un des plus parfaits échantillons de ce type de filles que son ami et que notre cher maître Émile Zola va nous dépeindre dans un prochain roman. » Dans *L'Assommoir*, le chapelier relate sa rencontre avec la jeune femme « très lancée... fraîche comme une fleur ». C'est cette Nana que montre Manet. Près d'elle, comme si souvent dans son œuvre, un personnage est en attente : un protecteur ou bien l'un de ces dandys qui s'affichent auprès des comédiennes. Elle montre à son égard une indifférence similaire à celle de l'*Olympia* vis-à-vis des rapins qui

l'entouraient mais avec une touche de rêverie calculatrice. Sa tenue, bas brodés style *Vie Parisienne*, corset camisole sous lequel transparaissent pantalon et jarretière fleurie, révèle des rondeurs sur lesquelles son compagnon pose un regard hypnotisé.

Le roman de Zola, qui paraît deux ans plus tard, reflète des pans entiers de la vie du Boulevard avec parfois une ironie mauvaise comme dans le tumultueux dîner où Nana exalte le charme de la pauvreté tout en faisant verser des flots de champagne et resservir des truffes.

Un pastel de Manet représente Léontine Massin, créatrice du rôle au théâtre. Son fameux souper fait défiler purée d'asperges comtesse et consommé à la Deslignac, crépinettes de lapereaux aux truffes et

« Dès le matin, elle restait des heures en chemise devant le morceau de glace accroché au-dessus de la commode. » La toute jeune Nana de *L'Assommoir* devient, sous le pinceau de Manet, le prototype idéal de la cocotte. Il voit déjà en elle la délicieuse garce qui aura tout Paris à ses pieds dans le roman que va lui consacrer Zola.
Le peintre, à partir d'éléments de son atelier, miroir sur pied, mobilier Louis XV-Second Empire, tenture japonaise, compose un cadre décoratif tel qu'un riche protecteur en offre aux jeunes théâtreuses. *Nana*, 1877. Hambourg, Kunsthalle.

gnocchis au parmesan, carpe du Rhin à la Chambord et selle de chevreuil à l'anglaise, poulardes à la maréchale, filets sauce ravigote, escalopes de foie gras, sorbet aux mandarines, filet aux truffes et galantines de pintade à la gelée, cèpes à l'Italienne, croustades d'ananas.

Pour décrire Nana et surtout le décor de sa chambre à coucher, Zola s'inspire d'une autre beauté peinte cette année-là par Manet, la blonde Valtesse de la Bigne. Un banquier l'entretient mais elle a aussi pour amant le jeune et beau Gervex. C'est aussi une

histoire de courtisane et de corset, celle-là nue, celui-ci jeté à terre qui vaut au peintre de voir exclus du Salon son tableau *Rolla* dont le sujet est emprunté au poème de Musset. La belle Marion qui ruine Rolla avait été posée par l'actrice Ellen Andrée, heureuse d'apparaître dans tout son éclat qui avait été précédemment si malmené par Degas dans *L'Absinthe*.

Comédiennes talentueuses ou non, leur jeunesse et leur beauté attirent des protecteurs généreux, des poètes amoureux, des peintres attentifs. Banville avait décrit l'insouciance de ces soirées dans *La Belle Véronique* et Forain ensuite l'a illustrée pour lui :

> Par un beau soir d'hiver on avait des cerises
> Et du Johannisberg ainsi que chez les rois
> Tous ces amis bruyants, ivres, fiers de leurs vices
> Se renvoyaient les mots comme un clair tambourin
> Les dames cependant suçaient les écrevisses
> Et se lavaient les doigts avec le vin du Rhin.

Ces repas ont pour but d'apprivoiser les convives, parfois de leur faire perdre la tête. Le champagne coule à flots et l'on n'oublie jamais la salade de truffes et de blancs d'œufs que Casanova conseillait pour ses vertus aphrodisiaques. On sert aussi des pigeonneaux à l'Argenteuil si typiquement parisiens. Ils doivent être de l'âge le plus tendre, ne pas encore savoir voler et quelques-uns proviennent même des pigeonniers de la capitale.

Souvent, quand elles ne sont pas sûres de leurs cuisinières ou de leurs chefs, ces belles hôtesses s'adressent à Chevet dont la vitrine faisait rêver les étudiants de *La Vie de bohème* avec ses dindes truffées, ses gigots de pré-salé, ses truites et ses ananas ou bien encore ses morceaux de bœuf de Hambourg ou ses jambonneaux. Et quand elles commandent un baba au citron, c'est chez son inventeur, le pâtissier Félix, passage des Panoramas.

Valtesse de la Bigne habite un hôtel particulier boulevard Malesherbes et ses menus changent selon ses invités comme ceux offerts par l'amie d'un financier de

Dans l'arsenal de la séduction, les femmes utilisent à toute heure les ressources de l'éclairage. En plein air, ombrelles et voilettes adoucissent les traits.

« À Paris, écrit Maupassant, on vit dans la demi-ombre des appartements où les rideaux lourds, même en plein midi ne laissent entrer qu'une lumière douce. »

la République qui alternent entre : langouste américaine, caviar, perdreaux froids pour un déjeuner tête-à-tête avec le banquier et le lendemain : truite saumonée sauce verte, chateaubriand très saignant, cailles rôties « avec M. Maurice qui a eu de la fortune autrefois ».

Un des tableaux les plus impressionnistes de Gervex montre Valtesse de la Bigne dans le jardin d'une maison de campagne qu'elle loue à Ville-d'Avray, si apprécié du demi-monde lié à la finance

ou à la politique. Ses invitations égaient Manet pendant sa cure de septembre 1879. Son ami Bracquemond n'est pas loin dans ce Bellevue « plein de peintres ». Des pommes du jardin décorent le mot qu'il lui adresse afin de retarder une visite chez Goncourt.

Une des plus agréables propriétés de Ville-d'Avray appartiendra plus tard à Valtesse. C'est celle de Madeleine Brohan, actrice célèbre, comme sa sœur Augustine, maîtresse d'Arsène Houssaye, et leur mère Suzanne. Elle aussi a une table excellente où l'on sert les plus grands vins dans les verres mousseline les plus fins. Et mieux encore ses nièces qui débutent alors, Mlles Darlaud et Demarsy sont ravissantes. Vers 1879, un pastel de Manet, *Jeune Femme au bord de la mer,* représente déjà Jeanne Demarsy. Aussi, lorsqu'il entreprend des panneaux décoratifs sur le thème classique des saisons, elle lui semble le modèle idéal du premier d'entre eux. Ce sera *Jeanne* ou *Le Printemps* dont Charles Cros fera un des premiers tirages photographiques en couleurs.

Pour *L'Automne,* Manet choisit Méry Laurent, une des femmes les plus en vue du grand monde parallèle. Ébloui dès leur première rencontre à son exposition de 1876, il avait le lendemain, au cours d'un déjeuner chez Tortoni, étourdi Antonin Proust et Henri d'Ideville de propos enflammés à son sujet. Elle fait partie de ces créatures de charme auprès desquelles les hommes se sentent toujours jeunes et peuvent ensuite affirmer entre eux au Cercle : « Est-ce que les hommes ont un âge ? Nous autres, nous rajeunissons en blanchissant. »

Méry, superbe blonde de seize ans, à peine séparée d'un épisodique mari, est arrivée de Nancy. Avant 1870, elle a fait quelques essais de théâtre, a figuré en 1872 à la Gaieté dans *Le Roi Carotte,* un opéra-bouffe, féerie de Sardou sur une musique d'Offenbach et s'est produite au Châtelet en tenue ultra-légère. Puis un protecteur généreux et peu jaloux

est entré dans sa vie en la personne du docteur Evans. Ce richissime américain était le dentiste et l'ami de la famille impériale, il demeure celui du Tout-Paris. Il a installé Marie, devenue Méry, 52 rue de Rome dans un appartement proche de son cabinet et lui a offert une maison 9 boulevard Lannes près de son domicile de l'avenue du Bois.

Manet fait poser *L'Automne* à Méry dans une pelisse créée pour elle par Worth, le célèbre couturier : « Ah quelle pelisse, d'un brun fauve avec une doublure vieil or, j'étais médusé » confie Manet. Il ajoute avec une fierté naïve que pendant sa visite, le prince Richard de Metternich s'est présenté et qu'elle ne l'a pas reçu.

Méry préfère en effet la compagnie des peintres et des poètes qu'elle couvre de gentillesses et d'attentions. Théodore de Banville, François Coppée qui l'appelle « mon gros oiseau », Manet, Mallarmé et bien d'autres sont les amants de celle que George Moore surnomme « toute la lyre ». Mais cette belle Lorraine n'a rien de bohème, elle envoie chercher son thé chez Marquis, passage des Panoramas et ses fruits confits chez Chiboust. Ses pâtés de foie d'oie viennent de Strasbourg, de Toulouse ou de Périgueux. Son champagne est celui de Cliquot ou de Moët et Chandon car cette fille de l'Est a une passion pour cette boisson. Chez elle, elle fait briller les yeux des jolies femmes, Valtesse de la Bigne ou Irma Brunner, ravissante Viennoise éternisée elle aussi par un pastel de Manet.

Les convives sont parfois les mêmes que chez Nina de Callias aux Batignolles : Nadar, Augusta Holmès en train de rompre avec Catulle Mendès trop porté sur la bière et l'éther, Villiers de l'Isle-Adam et des directeurs de journaux, amateurs de bonne chère, comme Adrien Hébrard du *Temps* pour lequel : « Celui qui sait saucer selon les règles n'attrapera jamais d'indigestion. Fi des grillades, bonnes pour les sauvages. »

Familier des théâtres et des cafés du Boulevard, à l'instar de Manet, son aîné et son ami, Jean Béraud montre ici, près du Vaudeville et des Variétés, un boulevardier bien connu, Coquelin Cadet. Acteur célèbre comme son frère qui créera *Cyrano de Bergerac*, il récite aussi dans les dîners et les soirées de Nina de Callias ou de Mme Charpentier, des monologues humoristiques de Cros, tel celui de *L'homme qui a réussi grâce à ses recettes de pommes de terre soufflées.*

JEAN BÉRAUD, *Sur le Boulevard*, 1885. Paris, musée Carnavalet.

Quand le docteur Evans ou Manet sortent avec leur superbe amie, ils l'emmènent chez Bignon, au café Riche ou bien, avant le théâtre, proposent à sa gourmandise le menu de la Maison d'or : huîtres, sauternes, potage, bisque, cailles truffées, homard à l'américaine, petit pois et caisse de mousse au chocolat, le tout arrosé de champagne frappé. Méry appartient en effet à la catégorie des belles gourmandes sensibles aux théories de Brillat-Savarin : « les repas succulents, délicats et soignés repoussent longtemps et bien loin les apparences extérieures de la vieillesse.

Méry Laurent, l'une des reines du demi-monde, dont Manet fera l'année suivante sept pastels, semble prête à partir pour la rituelle promenade au Bois, suivie d'un déjeuner à la Cascade ou au Pré Catelan. Elle porte une pelisse de Worth qui enthousiasme le peintre : « quand elle sera usée, vous me la laisserez... cela me fera un rude fond pour des affaires que je rêve. » *L'Automne*, 1881. Nancy, musée des Beaux-Arts.

une amie normande (sa « Notre dame des jambons », comme il l'appelle) les plus beaux exemples de cette « Révérence Cochonne » destinés à trôner sur les tables de réveillon.

Pour ce jour de fête, Mallarmé qui aimera partager « écrevisses rougies et canards blondis » avec Méry (surnommée son petit paon), doit lui proposer ses menus de *L'Art de la mode* : « Huîtres d'Ostende et de Marennes. – Consommé aux œufs de Vanneaux, Boudin à la Richelieu, Filets de Soles au beurre de Montpellier, Râble d'agneau de Nîmes aux pointes d'asperges. – Bartorelles truffées, Terrine de grives au genièvre. – Petits pois nouveaux à la Française, Buisson d'Écrevisses au vin de Ribeauvillé. – Louvres en caisse au chocolat. – Ceylan glacé. – Vins : Château-Contet à la glace, Zuccho bien rafraîchi, Punch Romain, Bordeaux, Léoville, Chambertin, Champagne Saint-Marceau frappé, Porto paille. »

Une pointe de fantaisie s'introduit souvent dans les repas de ce demi-monde gourmand car il ne faut pas seulement nourrir mais amuser. On peut par exemple présenter comme entremet de légumes des crosnes, ces étranges tubercules japonais que l'on commence à cultiver en 1878 dans le village de ce nom, près de chez les Caillebotte ; on peut aussi préciser que les « morilles sauce à la crème » proviennent du bois de Boulogne, ramassées à l'aube par un poète désargenté, ou bien utiliser comme surtout des « crevettes cascadantes ». Accrochés au bord de verres pleins d'eau posés sur un tapis de verdure, les palémons porte-scie dits bouquets se transforment en effet en mini-cascades.

Sur un mot écrit de Bellevue et agrémenté d'un citron, d'une huître et de crevettes dansantes, Manet s'inquiète de ne pas savoir ce que devient Méry. S'il n'avait vu hier une masseuse qui lui a donné de ses nouvelles, il la croirait « partie pour les grandes Indes ».

Ils donnent aux yeux plus de brillant, à la peau plus de fraîcheur, aux muscles plus de soutien. » D'ailleurs, « les personnes qui savent manger sont comparativement de dix ans plus jeunes que celles à qui cette science est étrangère. » C'est sans doute l'une des raisons de son caractère heureux. Son rire célèbre répond à celui de Manet qui retrouve à sa table de joyeux convives connus depuis longtemps : Nadar, le poète François Coppée et le docteur Robin. À ces derniers, Barbey d'Aurevilly fait envoyer par

Ses lettres à cette ensorceleuse ou bien à d'autres jeunes femmes s'ornent souvent d'amandes vertes parfois suivies de la mention « Philippine », donnant le point de départ à un petit jeu alors très en vogue. Destinés à devenir des potages, des massepains, des blancs-mangers, mêlées aux groseilles à maquereaux pour les desserts d'été, ces fruits se chargent aussi d'allusions amoureuses. Offrir la moitié d'une amande double oblige, quand on se rencontre ensuite, à lutter de vitesse pour dire « Philippine ». Le perdant doit offrir un cadeau. Une jeune fille reçoit un « petit rien », peut-être une de ces aquarelles jetées sur le papier par Manet avec une géniale insouciance. Mais dans le milieu des courtisanes, cela se traduit plutôt en perles ou en tableaux.

C'est Méry qui incite l'artiste à peindre des natures mortes de fruits ou de fleurs, cadeaux faciles à faire acheter par des convives euphoriques à la fin d'un dîner brillant. Lorsqu'il lui devient trop pénible de quitter l'atelier, elle lui fait porter par sa femme de chambre des lilas, des pivoines, des raisins mûris en serre, des cerises venues d'Espagne. Une grenade, envoyée par elle fait l'objet de l'une de ses dernières pochades.

C'est un fruit follement à la mode. Il apparaît sur les buffets, parfume les sorbets et des sirops qu'il faut bien se garder de confondre avec la grenadine, mixture artificielle colorée à la cochenille. Bien qu'il ait été nourri, comme toute sa génération, de culture gréco-latine, Manet a toujours refusé d'utiliser les allusions mythologiques. Mais peut-être en peignant ce fruit ne peut-il en repousser la symbolique, celle du royaume des enfers où Perséphone, pour avoir mangé un seul grain de grenade doit résider six mois par an.

Manet disparu, Mallarmé prend une place discrète et passionnée dans la vie de Méry. Elle l'aide à soulager bien des misères. Comme elle le faisait pour Manet, ses cadeaux changent en un jardin de fruits merveilleux l'appartement du poète fasciné, à l'un de

ses retours, que ces « oranges, mandarines et citrons nous éclairent seuls par cette après-midi trop voilée ». Le champagne de Méry illuminera également la triste fin de Villiers de l'Isle-Adam.

Marcel Proust, conduit par un ami chez Méry afin d'y rencontrer Whistler, intègre dans *À la recherche du temps perdu* la personnalité de ce dernier à celles de Manet et de ses camarades pour élaborer Elstir, impressionniste fictif. Par la grâce de ce roman, la figure de la belle amie de tant d'entre eux échappe aussi à l'oubli. À travers le personnage d'Odette de Crécy, unique objet de l'amour de Swann, les déjeuners à la Maison d'or, les thés rue Royale et les promenades au Bois de Méry se sont glissés dans l'éternité littéraire.

VIE PARISIENNE

*L'artiste m'a avoué qu'il adorait le monde
et qu'il trouvait des voluptés secrètes dans
les délicatesses parfumées et lumineuses des soirées.*

Émile Zola

L'art de Manet reflète la diversité des fêtes parisiennes. Au temps de son intimité avec Baudelaire, il dut assister comme lui et Constantin Guys à l'inauguration du casino Cadet en 1859 puis un an plus tard à la fête donnée par *Le Figaro* sous ses lustres au profit des personnes enfermées pour dettes à la prison de Clichy. Beaucoup de leurs amis en ont connu les murs ou les ont redoutés, tel Nadar dans sa jeunesse quand, craignant l'huissier, il ne quittait pas sa chambre mais envoyait sa maîtresse chercher des huîtres dont les coquilles finissaient par former un tapis sur le plancher.

Son confrère Étienne Carjat offre à la bohème ses dernières fêtes. En novembre, les Goncourt passent un moment, au milieu de « poètes inédits, de rapins chevelus, de chanteurs », chez cet éditeur caricaturiste et poète. L'un d'eux raconte : « Il y a un monsieur qui joue du violon, Rouvière qui déclame Hamlet, Monselet qui déclame le Créancier. C'est une fête après tout assez cordiale... Un quartaut de bière posé dans une pièce du fond ou chacun vient, en tournant un robinet, remplir sa chope. Cette fête, cette bière me pénètrent d'un immense attendrissement pour ce pauvre, charmant et généreux

Le 13 de ce mois, Gambetta a fait voter l'amnistie des condamnations prononcées envers les partisans de la Commune en 1871. Cela permet le retour des proscrits avec lesquels Manet sympathisait.

Ce mot est un de ceux adressés de Bellevue à Isabelle Lemonnier qui, dans ce Paris en fête, doit « rêver, assure-t-il, drapeaux et prise de la Bastille ». *Vive l'amnistie,* 14 juillet 1880, lettre aquarellée.
Paris, musée du Louvre.

Sous le Second Empire, les bals des Tuileries offrent saumon, chauds-froids et viandes à quelques centaines de privilégiés. Les quatre mille invités auxquels on sert sorbets, café glacé, orangeade et gâteaux, arrivent ensuite. Les réceptions de la Troisième République reprennent ce système à deux vitesses.

Cependant, celles de la Chambre des députés se distinguent sous la présidence de Gambetta. Ce gourmet dont le succès en politique étrangère vient, dit-on, de l'excellence des repas auxquels il invite les ambassadeurs, se doit d'ailleurs de mettre à l'honneur les truffes de son pays natal.

Carjat. J'ai toujours vu la bohème porter malheur à la fortune des gens qui lui donnaient à boire. »

C'est dans son costume de prince du Danemark que Manet représente, en 1865, Philibert Rouvière, peintre puis tragédien. Baudelaire compare la vie de celui-ci aux grenadiers « noueux, perplexes dans leur

croissance qui donnent des fruits compliqués et savoureux ». Manet, pour ne pas se voir reprocher un manque de ressemblance, intitule le tableau *L'Acteur tragique*, titre à double sens en raison du long chômage enduré par l'acteur et de sa mort peu après avoir repris son rôle d'Hamlet.

Le costume d'Hamlet est avec ceux de Pierrot et de Polichinelle l'un des déguisements les plus portés dans les bals masqués si nombreux à l'époque. Le Mardi gras a longtemps représenté un moment de fête exceptionnel. Ainsi lorsque Couture, devenu célèbre avec ses *Romains de la décadence,* veut montrer, après l'orgie antique, celle des temps modernes, il fait poser la belle Alice Ozy pour *Le Souper à la Maison d'or.* La scène se passe un Mardi gras dans un des cabinets particuliers de l'établissement. Les viveurs célèbres et tous ceux qui cherchent à plaire à quelque danseuse ou quelque actrice l'emmènent déguster là des ombles-chevaliers et des foies de lottes sautés. Le matin à l'aube, les garçons jettent sur le trottoir devant la Maison d'or des tombereaux d'écailles d'huîtres dans lesquelles un chiffonnier fouille pour récupérer les citrons.

Un écho de ces lendemains de fête se glisse dans les œuvres de Manet : coquilles d'huîtres au pied du *Philosophe* ou bien mêlées aux tessons d'une bouteille de champagne ainsi qu'à des roses effeuillées devant *Le Chiffonnier,* inspiré peut-être par la déchéance d'un ami de Musset. Ce tableau exposé par Manet aux Mirlitons (le très élégant cercle de l'Union artistique) avait été la cause d'un duel entre le peintre et l'écrivain Duranty, accusé de l'avoir trop sèchement commenté. Le duel quoique interdit se pratique constamment (Scholl en est l'un des champions). Il s'arrête souvent à la première éraflure et se termine généralement par un repas de réconciliation qui, dans le cas de Manet, avait eu pour cadre le restaurant du père Lathuille.

Le Mardi gras et la Mi-carême entrecoupent un jeûne qui par ailleurs donne prétexte à bien des plaisirs

gastronomiques. Barbey d'Aurevilly convié un jour maigre chez un ami des Batignolles en 1878 se réjouit du menu proposé : « Manger une oie... délices ! Cela a l'air d'une vengeance. »

Arsène Houssaye, le grand patron de presse qui avait commandé à Zola l'article sur Manet pour la *Revue du XIXᵉ siècle* donne d'inoubliables fêtes dans son hôtel de l'avenue de Friedland. L'une d'elles reste célèbre dans les annales de la galanterie car les jeunes femmes montées se changer pour interpréter un tableau vivant ont fait éteindre les lumières pour réapparaître groupées nues telles des sirènes sur la rampe de l'escalier. Ces fêtes ont lieu souvent pendant l'époque du Carnaval, la Mi-carême et le Mardi gras.

Ci-dessous
Courses à Longchamp,
1864. Chicago, The Art Institute.
PAGE DE DROITE, EN HAUT
ℒa transformation du bois de Boulogne entraîne la création de perspectives, de lacs et de cette cascade romantique. La construction de kiosques et de pavillons complète ces aménagements. Avec la proximité de l'hippodrome, les restaurants du Bois, Pré Catelan ou Grande Cascade connaissent aussitôt une grande vogue.
PAGE DE DROITE, EN BAS
Deux élégantes aux courses.
Moniteur de la Mode du 1ᵉʳ avril 1874. Paris, musée Carnavalet.

Les bals de l'Opéra relancés sous Louis-Philippe sont très mélangés. « Des filles ont pris l'habitude d'aller mendier dans les loges », rapportent les Goncourt en janvier 1863 et l'une d'elles relevait « ses jupes par derrière et montrait à nu un collant collé sur son cul ; puis elle se retroussait par devant et montrait son pantalon fendu. » En décembre 1864, Emmanuel des Essarts, ce poète épris de Nina « si parisienne, si rosalindienne », s'indigne auprès de Mallarmé que Hector de Callias la conduise le samedi au bal de l'Opéra. « Ce n'est pas fantaisiste, ce n'est que canaille. Faire envoyer à celle qu'on aime ou qu'on est censé aimer clodoches, flageolets et brididis. Ah fi, ah fi, comme dit notre vieil ami Hamlet. »

Après l'interruption de la guerre, ces bals recommencent. Le 20 mars 1873, celui de la Mi-carême puis, dix jours plus tard le Bal des artistes organisé par les acteurs, connaissent un succès sans pareil.

Manet entreprend *Le Bal masqué à l'Opéra* au même moment que le *Portrait de Mme de Callias*. Ses bavardages avec la jeune femme ont dû porter sur ces soirées, cadre de la rencontre entre Nina et le caricaturiste

Cabriol (Georges Lorin) et thème d'un conte *Le Convive des dernières fêtes* dédié à Mme Nina de Villard par Villiers de l'Isle-Adam. Les personnages de ce récit quittent le bal pour souper à la Maison d'or où Joseph leur sert dans le salon rouge du vin d'Aï, des huîtres d'Ostende et des écrevisses.

En novembre 1873, Edmond de Goncourt regarde dans l'atelier de Manet le tableau en cours. Il lui semble illustrer le premier acte d'*Henriette Maréchal*, cette pièce écrite avec son frère et si violemment sifflée à la Comédie Française en 1865. On ignore l'identité des modèles féminins, mais plusieurs amis du peintre : Théodore Duret, Paul Roudier, Emmanuel Chabrier, Guillaudin et Edmond André ont figuré dans cet affrontement d'hommes en habit et de femmes en dominos noirs face au polichinelle,

au bébé ou à la cantinière. « L'œil allumé par les truffes et le corton du dîner, ils sont riches et cela se voit », remarque *Le Figaro*.

La toile est destinée au baryton Faure, vedette de l'Opéra comique, qui poursuit une carrière internationale. En même temps, il rassemble une collection de peintures dans laquelle la place majeure est donnée à Manet qui le représente lui aussi dans le rôle d'Hamlet. Pendant les séances de pose, Chabrier a dû comme toujours éblouir ses compagnons en improvisant au piano, sans oublier qu'Hoffmann conseillait de boire du « Champagne pour composer un opéra comique, du Jurançon pour la musique religieuse, du vin de Bourgogne pour la musique héroïque ».

Les soirs de bals à l'Opéra, la maison Vachon rue Meyerbeer reste ouverte. Cela permet à celles qui se décident au dernier moment de trouver un loup vénitien, des gants, un mouchoir parfumé. À ces fêtes très populaires, on peut consommer : choucroute : 0,40 francs ; salade de pommes de terre et haricots rouges : 0,25 francs ; deux sardines : 0,25 francs ; écrevisses au vin blanc : 1,50 francs ; une cuisse de poulet : 2,50 francs ; pain au saucisson ou au fromage d'Italie : 0,30 francs ; champagne et bordeaux à partir de 2,50 francs.

Devant la porte, une foule qui n'a pas trois sous en poche attend, pour se disperser, la sortie du dernier débardeur mais depuis longtemps déjà les élégantes ont rejoint avec leurs cavaliers le café Anglais. « Un consommé, des huîtres, une aile de poulet, du bordeaux, voilà ce que prend une femme qui ne veut pas perdre la tête » remarque Adolphe Belot, un romancier avec lequel Manet est allé à Trouville, « Elle laisse libre son cavalier de prendre des bisques et de boire la cave entière. »

Autres lieux de rencontre où les artistes côtoient une société hétéroclite, les champs de course mêlent plaisir, luxe, jeu, affaires. Degas et Manet, comme leurs amis Lepic ou Balleroy, les fréquentent mais surtout s'enchantent de la modernité des effets de lumière, de vitesse, de couleurs, offerts à l'œil des peintres. En 1863, la création du Grand-Prix, doté de cent mille francs par la ville de Paris et les sociétés de chemin de fer, attire une foule immense à Longchamp. Les nourritures les plus démocratiques, andouillettes et saucissons, côtoient les plus raffinées dans le public immense qui s'y précipite.

Thiers préside ce premier Grand-Prix d'après-guerre et des esprits aussi opposés que Zola et la naïve romancière Zénaïde Fleuriot déplorent les

De la place du roi de Rome, où s'élèvera le palais du Trocadéro, la vue plonge sur la ville éphémère édifiée au Champ-de-Mars. On y voit les produits manufacturés du monde entier et les nourritures présentées par des serveuses en costume national. Sur ce tableau figurent Léon et peut-être les Morisot qui habitent tout près. Manet n'a pas soumis de toile au jury de l'Exposition mais a fait construire un grand local afin de montrer ses œuvres. *L'Exposition universelle de 1867.* Oslo, Nasjonalgalleriet.

Élevé aux Champs-Élysées pour l'Exposition universelle de 1855 par Alexis Barrault et Viel, il servira par la suite sous le nom de Palais des Champs-Élysées à des manifestations diverses, salon annuel des Beaux-Arts, concours hippiques, expositions florales, exposition des Sciences appliquées à l'industrie, etc. Il sera détruit au moment de l'Exposition universelle de 1900 et remplacé par le Grand Palais et le Petit Palais. GUÉRARD, *Le Palais de l'industrie.* Dessin lithographié extrait de *Physionomie de Paris.* Paris, musée Carnavalet, cabinet des estampes.

À GAUCHE
Filets de sole au sabayon de champagne et aux grains de caviar. Voir recette page 155.

sommes jouées ce jour-là. En 1879, l'écrivain revient prendre des notes pour *Nana* mais c'est au *Messager de l'Europe*, revue publiée en Russie, qu'il confie ses impressions du Grand-Prix de 1877. Pour beaucoup de Parisiens, cette journée débute par une partie de campagne : « À perte de vue sous les arbres, il n'y a plus que des gens qui mangent. » En début d'après-midi arrive la foule des parieurs, les uns à pieds, les autres en voitures. Les tapissières ne pénètrent pas dans l'enceinte du champ de courses mais landaus, calèches, mail-coaches gagnent la pelouse. Une aquarelle de Manet, *Aspect d'une course au bois de Boulogne*, montre bien ces voitures dans lesquelles « on boit du champagne pour patienter, les laquais vident des paniers, débouchent des bouteilles ». Elle date de 1864, année où triomphe un cheval français dont le nom, Vermout, ravit le public populaire. À son exposition de 1867 figure le tableau *Courses au bois de Boulogne*. En 1872, un amateur lui commande *Courses à Longchamp* dans lequel on reconnaît au premier plan la tête de Degas.

C'est à la Cascade que se retrouvent avant ou après les courses Degas, Manet, Forain, Giuseppe de Nittis et leurs amis turfistes. C'est aussi l'endroit favori des cavaliers qui galopent au Bois le matin. Quelques portraits équestres de Manet évoquent ainsi le peintre Guillaudin, Marie Lefébure, M. Arnaud à cheval. À l'automne 1882, une jeune fille aperçue au Bois, debout dans son amazone de drap sombre inspire à Manet un tableau peut-être destiné à représenter l'hiver dans sa série des *Saisons*. Une jeune voisine pose ensuite pour ces trois études restées inachevées.

Devant la Cascade, un groupe de « gommeux » attend les jeunes femmes venues déjeuner et s'amusent de voir le groom les aider à descendre de leur monture et leur apporter le verre de xérès, indispensable après la promenade. « Il est assez difficile, constate Zola, de discerner les femmes comme il faut de celles qui ne le sont pas, elles boivent les mêmes vins, saluent les mêmes hommes, et portent des toilettes identiques. » Au restaurant, la table la plus demandée est celle du cabinet particulier numéro un d'où la vue s'étend vers Longchamp jusqu'à la Seine.

Le Salon, annuel ou bisannuel, entraîne une animation exceptionnelle aux Champs-Élysées et particulièrement au restaurant Le Doyen le jour du vernissage. Il se tient en mai dans le palais de l'Industrie construit pour l'Exposition universelle de 1855 et démoli pour celle de 1900. Le jury a procédé en mars au choix des tableaux soumis par les artistes. Ces délibérations tiennent de la kermesse car amis et curieux peuvent y assister. Elles se déroulent autour d'une table de douze mètres dans une immense salle. À trois heures, une pause permet de prendre au buffet « du bordeaux, du chocolat, des sandwiches ». À huit heures, on sert une collation, viandes froides et vin. Les membres des commissions tentent alors de se circonvenir les uns les autres pour faire admettre leurs protégés.

Manet n'a jamais cessé de se présenter au Salon. Longtemps, ses œuvres ont suscité les rires d'un public obtus, mais sa personne et ses réflexions percutantes ont toujours animé les vernissages. Ce jour,

autrefois réservé aux peintres pour leurs dernières retouches, est devenu, remarque Zola dans *L'Œuvre*, « une de ces solennités qui mettent la ville debout ». Aux vernissages, se rencontrent, médisantes et frou-froutantes, chapeautées par Mélanie Percheron, habillées par Worth, quelques-unes des célèbres hôtesses du Tout-Paris artistique et mondain comme Mmes Charpentier et Lemaire, toutes deux amalgamées par Marcel Proust dans le personnage de Mme Verdurin. Les femmes des peintres se servent toutes d'un face-à-main pour regarder avec plus de dédain les toiles des concurrents. Manet, le chapeau un peu en arrière, rit et s'étonne toujours de l'insuccès de ses tableaux. Ses vieux amis Carolus Duran et Alfred Stevens sont entourés d'une cour mondaine. Dans le jardin est installé le buffet et les garçons courent des cuisines cachées derrière les tentures aux grands dressoirs que décorent des pyramides de fruits et se faufilent entre les chaises et les petites tables des travées. Excellent emplacement pour voir et être vu, ce buffet

Ce tableau marque l'apogée et la fin des bals masqués de l'opéra où, pendant un quart de siècle, les Parisiens se sont pressés pour Mardi gras, et parfois le samedi, dans un joyeux tohu-bohu. Cette salle, inaugurée en 1821, brûle en 1873, deux ans avant que s'achève la construction de l'Opéra Garnier. Degas et Chabrier assistaient souvent aux programmes musicaux. *Le Bal à l'Opéra*, 1873. Washington, National Gallery.

À DROITE, EN HAUT
Pommes soufflées.
Voir recette page 148.

À DROITE, EN BAS
Opéra rue Le Peletier, vue de la salle. Gravure extraite de *The Illustrated London News*, 23 sept. 1854. Paris, Bibliothèque nationale, cabinet des estampes.

n'offre qu'une nourriture médiocre. C'est chez Le Doyen qu'il faut avoir retenu sa table.

Ce restaurant renommé joint, dans les années 1872-1880, les charmes de la ville à ceux de la campagne. Il prend une physionomie toute particulière le jour de l'ouverture du Salon. Au milieu des dorures et des peintures dont le Second Empire a enrichi son décor, la femme d'artiste déjeune ou dîne non loin de la femme-artiste, toujours insatisfaite de sa place au Salon. À l'étage supérieur, les cabinets particuliers, avec divan et piano, ont été retenus, chuchote-t-on, par les peintres en vogue accompagnés de ces jolies dames qui ont accepté de poser « à condition que l'atelier soit chauffé ».

L'éditeur Charpentier, Émile Zola, les Goncourt déjeunent ensemble. On voit passer Antonin Proust

avec la danseuse Rosita Mauri et Mme Strauss avec Maupassant qui se documente pour écrire *Fort comme la mort*. Manet retrouve ses modèles :

Pendant la durée du Salon, les artistes passent presque chaque jour au palais de l'Industrie. Sur le chemin du retour, Manet s'arrête rue Royale chez le glacier Imoda, sûr de croiser là quelques femmes élégantes de son entourage. Elles ont adopté la mode américaine de venir vers trois heures pour « luncher » c'est-à-dire tout simplement goûter. Devenu Maxim's après son achat par Maxime Gaillard en 1891, l'endroit est peu après repris par un ex-maître d'hôtel qui lui donnera une célébrité mondiale : Ernest Cornuché. Il vient de chez Durand où Manet s'est souvent attablé avec Proust, Gambetta et sans doute Tissot dont un tableau montre ce restaurant aujourd'hui disparu.

« L'artiste m'a avoué qu'il adorait le monde, écrivait Zola sur Manet en 1867, et qu'il trouvait des voluptés secrètes dans les délicatesses parfumées et lumineuses des soirées. »

Avenue Vélasquez, réside le financier italien Enrico Cernuschi qu'au lendemain de la Commune Duret avait accompagné en Extrême-Orient. Il donne en mai 1878 un bal masqué auquel Renoir prie Duret de le faire inviter et que Manet, intime de ce dernier, n'a pu manquer. À sa mort en 1896, Cernuschi légua à la ville de Paris une importante collection d'objets orientaux et son hôtel fut transformé en musée.

Les fêtes de charité connaissent un grand succès car elles permettent aux femmes d'étrenner de nouvelles toilettes sous couvert de générosité. Manet participe à celle de Paris-Murcie organisée au profit de cette ville d'Espagne ravagée en 1879 par des inondations exceptionnelles. Il a comme d'autres artistes décoré des tambourins. Sarah Bernhardt les vend aux enchères dans le pavillon édifié par *La Vie moderne* (journal de l'éditeur Charpentier), à l'Hippodrome où se déroule la fête. Un froid polaire règne sur Paris et les buffets distribuent plus de consommés et de punchs brûlants que de siciliennes ou de chauds-froids.

℘our illustrer le poème de Banville, Forain croque une scène observée au cours de sa vie de noctambule chez quelque grande cocotte ou chez des étoiles du théâtre et de la danse. On remarque une étrange ressemblance entre l'homme tourné vers le buffet et Degas, compagnon de sorties de l'artiste. JEAN-LOUIS FORAIN, *La Belle Véronique,* 1877. Memphis, The Dixon Gallery and Gardens.

Pertuiset, le chasseur de lions, Jeanne de Marsy suivie du critique Louis de Fourcaud, Méry Laurent et le docteur Evans.

Un des quinze tableaux de *La Femme à Paris* par James Tissot montre l'entrée triomphale d'une Parisienne chez Le Doyen. Vieil ami de Manet, le peintre, revenu en novembre 1882 d'Angleterre, lui avait procuré en 1875 un acquéreur pour une vue de Venise. Sa série évoque des lieux et des situations bien connus de tous deux mais l'élégante précision de son style n'a pas l'abrupte nouveauté qui rend incomparable la manière de Manet.

La galerie de *La Vie moderne*, boulevard des Italiens, présente quelques mois plus tard une exposition Manet. Une de ses études pour *Le Bal de l'Opéra* : *Le Polichinelle* appartient déjà à Mme Charpentier. Aux brillantes soirées de cette protectrice attitrée de Renoir, Manet, charmé par la beauté de sa jeune sœur Isabelle Lemonnier, lui a demandé de poser à son atelier de la rue d'Amsterdam. Plus tard, c'est à elle qu'il s'adresse de Bellevue pour obtenir des détails sur les fêtes parisiennes.

Parallèlement aux mondanités privées se déroulent les fastes des réceptions officielles. L'argent facile du Second Empire en a permis de fabuleuses et particulièrement au moment de l'Exposition universelle de 1867. Mais c'est à celles d'une République, toujours appelée de ses vœux et durablement établie depuis la démission de Mac-Mahon le 30 janvier 1879, que Manet assiste. Chevet pour la restauration, Belloise pour les décors sont les deux spécialistes auxquels on fait appel pour une parfaite organisation de toutes ces manifestations privées ou publiques.

Proust emmène Manet à la fête donnée par Gambetta, le 14 juillet 1879 à l'Assemblée nationale, d'où la vue s'étend vers la Concorde qu'éclaire déjà l'électricité. On rencontre dans les salons toutes les jolies femmes qui, chez les Charpentier, forment une cour autour du tribun cadurcien. « C'était admirable mais il neigeait des bougies » se souviendra le peintre en repensant à la cire tombant des lustres. Trouvée fort belle, même par les journaux d'opposition, cette fête de la présidence de la Chambre offre un buffet savoureux pris d'assaut par une cohue dans laquelle on entend : « Une tranche de galantine pour le général, une glace pour Monsieur le Préfet vite, une compote d'ananas, c'est pour une dame. »

L'année suivante, Manet se trouve à Bellevue au moment où le 14 juillet devient fête nationale. Cette célébration, dont il ne peut admirer que de loin les

Le Saumon,
1866. Shelburne, Vermont,
Shelburne Museum.

À GAUCHE ET PAGE PRÉCÉDENTE
En 1863, Sainte Beuve dîne dans un cabinet particulier du Grand Véfour avec Lagier, une actrice dont l'adresse figure à cette époque dans les carnets de Manet. Le décor et la cuisine, avec ses suprêmes de volaille si prisés des Goncourt, restent inimitables et les dîners des premières, auxquels plus tard Manet assiste avec les Zola et les Chapentier, constituent toujours des événements parisiens.

Le Palais Royal est, au début du XIXᵉ siècle, le cœur de la gastronomie française. Quand la vogue se détourne de ce quartier, Le Grand Véfour, avec son décor du XVIIIᵉ siècle, reste le seul témoin de cette grande époque. Le voisinage du théâtre du Palais-Royal et de la Comédie Française lui conserve une brillante clientèle.

volaille à la Sévigné, saumon sauce indienne, foies gras au madère avant l'arrivée vers onze heures des dix mille invités.

À ces mondanités diverses, Manet préfère cependant les sorties moins protocolaires. Il adore le monde du théâtre et de la mode, aime accompagner ses modèles, choisir leur toilette, leur chapeau. Tous les lieux où se rencontrent les jolies femmes l'ont vu passer. Son tableau *Le Skating* représente le skating-ring de la rue Blanche aujourd'hui remplacé par le Théâtre de Paris. On y voit Henriette Hauser plus mûre que dans *Nana* et derrière elle, sa sœur Victorine offre une curieuse ressemblance avec Berthe Morisot. À l'arrière-plan, Henri Guérard évolue sur ces patins à roulettes qui sont une des folies de l'heure. Des rafraîchissements divers, glaces, menthe glaciale, sherry gobler, attendent au buffet les patineurs assoiffés.

Souper avec des amis après le théâtre a toujours été un des plaisirs favoris de Manet. Cela permet, à la sortie du Vaudeville ou des Variétés, des retrouvailles avec Zola après un froid momentané ou des assauts de mots d'esprit avec Aurélien Scholl dont l'œil au monocle d'or observe pendant cinquante ans le petit monde du Boulevard. On trouve à la porte des théâtres des étalages d'oranges, de noix, de marrons, de sucre d'orge ; les marchandes attendent pendant des heures dans le froid et la neige pour proposer la Valence à deux sous alors qu'un peu plus tard « les élégantes de la douzième heure » rejoindront au café Riche leurs commanditaires prêts à dépenser des fortunes en un seul souper.

Sous le Second Empire, après avoir applaudi Hortense Schneider dans *La Grande Duchesse de Gerolstein*, il était de bon ton de consulter au café Anglais « le sévère Ernest sur l'opportunité d'un perdreau froid ». Aurélien Scholl était alors l'amant de la ravissante Léonide Leblanc qui deviendra ensuite la maîtresse attitrée du duc d'Aumale et à laquelle succède Marie Colombier dont Manet fait alors un portrait.

feux d'artifice, s'accompagne de la remise des peines pour les condamnés de la Commune. « Vive l'amnistie ! » proclame un de ses mots. Drapeaux et lampions tricolores ornent ses lettres, et l'une d'elles conseille à Isabelle Lemonnier de ne pas trop se fatiguer à la fête.

Pendant l'hiver, le peintre assiste probablement à celle que donne à nouveau Gambetta en juillet 1882 mais sa santé trop dégradée le retient à Rueil lors de l'inauguration du nouvel Hôtel de Ville. À cette occasion, Chevet sert à cinq cents personnalités : crème de

ℒes noctambules du monde entier connaissent le promenoir des Folies Bergère où les Parisiens passent volontiers un moment après un dîner en ville. On y voit Edmond de Goncourt, Henri Céard, auquel Zola demande conseil quand il écrit *Nana*, Maupassant venu draguer quelque « belle petite » avec laquelle il étonnera ses amis. Degas et Puvis de Chavannes s'y retrouvent avec Manet auquel on doit l'image la plus forte et la plus durable de ce temple des frivolités. *Un Bar aux Folies-Bergère,* 1881-1882. Londres, Courtault Institute.

Enthousiasmée par ce pastel, elle adresse à son auteur les « remerciements de son modèle reconnaissant et reconnaissable ».

Des tables sont retenues les soirs de premières et celles du Grand Véfour au Palais-Royal connaissent une faveur qui dure depuis plus d'un siècle. Goncourt y dîne avec Flaubert, Tourgueniev, George Sand. Le salon Empire, installé en 1852 par le nouveau propriétaire, est le comble du luxe. Le 6 mai 1878, le souper qui suit la première pièce de Zola, *Bouton de rose* se tient au premier étage de ce superbe Véfour dont l'auteur apprécie tant la perfection culinaire. Le troisième acte a été sifflé et les invités : Manet, les Charpentier, Paul Alexis tentent de remonter le moral de Zola. Sa femme récrimine à propos des coupures qu'il aurait dû faire et Goncourt, toujours acide notera dans son journal « les glapissements aigres de la mauvaise voix fêlée de Manet ».

Le 18 janvier 1879, après la première triomphale de *L'Assommoir*, dont le bon accueil inquiète un peu Manet pour les représentations suivantes, c'est chez

Brébant que se rendent en troupe les amis de Zola. Ils soupent en haut, dans le grand cabinet précédé d'une antichambre. Les dîners Magny se tiennent depuis 1869 dans ce restaurant du boulevard Montmartre où les chroniqueurs des journaux voisins font et défont les réputations. Paul Brébant, très au courant du monde artistique et littéraire, offre à ses clients non seulement son excellente cuisine mais aussi la finesse de ses observations et Manet doit trouver plaisir à son sens subtil de la conversation.

Le matin à l'aube, à l'heure où sortent les derniers soupeurs, le restaurant Brébant distribue une soupe aux miséreux de la capitale. Un ami de Renoir, Norbert Goeneutte, familier aussi de la Nouvelle Athènes et du 77 rue d'Amsterdam en tire un tableau très remarqué en 1880 au palais de l'Industrie.

La dernière participation de Manet au Salon illustre une des haltes nocturnes préférées de ses amis et de lui-même : les Folies-Bergère, rue Richer, à deux pas du boulevard Montmartre. Pendant la guerre, ce temple de la vie parisienne s'était transformé en salle de réunion ; le peintre et ses frères étaient venus y écouter le général Cluseret, futur chef de la Commune. Il vient maintenant avec Degas, Gervex, Puvis de Chavannes (infiniment plus bon vivant que ne le laisse supposer son œuvre), découvrir les extraordinaires acrobaties des Hanlon Lees et les pantomimes des ballets.

Les Folies, rénovées par Sari, condensent théâtre, café-concert et jardin. Dans ce palais de fantaisie, des comptoirs et des bars proposent à la clientèle futilités en tout genre, boissons diverses, glaces et sucreries. À Pâques, les confiseurs rivalisent d'imagination pour remplir de nouvelles friandises leurs œufs en chocolat. En été, ils proposent des fruits confits. L'Angélique de Niort a la faveur de Méry Laurent.

Elle se profile, ainsi qu'Ellen Andrée, à l'arrière-plan d'*Un Bar aux Folies-Bergère* tandis qu'à droite apparaît le peintre Gaston Latouche. Une coupe de mandarines illumine l'ensemble. Elles semblent faire référence à celles dont Manet a reçu une caisse après la vente d'un tableau dont l'acquéreur était un gentleman. Une serveuse des Folies, Suzon, pose à l'atelier devant un assortiment de boissons, whisky, peppermint, curacao et champagne.

« Encore une scène de café », relate d'une plume désabusée, Eugène Manet à sa femme Berthe Morisot. Le Salon de 1882 ne fait qu'un accueil mitigé à cette admirable toile, peut-être parce-qu'elle condense tous les éléments du style très personnel de Manet. Quelques notes orange font chanter ses gris, ses roses et ses noirs sublimes ; les pieds légers d'un acrobate planent au-dessus d'un fourmillement de silhouettes.

À travers un jeu complexe de reflets, Manet donne ici l'image grave de ce monde léger dont il a tant apprécié les plaisirs. Il le quitte en mai 1883 et c'est chez le père Lathuille que, en janvier, un banquet réunira ses amis pour un dernier toast porté à sa mémoire.

SAUMON EN MAYONNAISE

RECETTES

Menu pour un restaurant, XIX siècle.
Collection particulière.

Sauf avis contraire
les recettes ont été élaborées
pour quatre personnes.

ŒNTRÉES
ŒUFS ET LÉGUMES

CROQUETTES
DE CAMEMBERT

1 camembert pas trop fait, son poids en sauce béchamel froide et très serrée, 2 à 3 cuillerées à soupe de crème double, farine, 1 œuf battu, chapelure (ou fine mie de pain), sel, poivre noir, paprika.

1. Enlevez la croûte du camembert si vous le souhaitez, broyez-le dans un petit robot, puis ajoutez-lui le même poids en béchamel froide et très serrée, ainsi que 2 à 3 cuillerées de crème double. Salez, poivrez, et ajoutez un peu de paprika.

2. Divisez cette préparation en petits morceaux de la taille d'une noix, puis roulez-les légèrement dans de la farine tout en leur donnant la forme d'un œuf de pigeon.

3. Trempez ces croquettes dans l'œuf battu, puis passez-les dans la chapelure.

4. Plongez-les dans une friture bien chaude, puis lorsqu'elles sont d'une belle couleur blonde, égouttez-les et dressez-les sur une serviette. Servez ce plat accompagné d'une salade.

N.B. : vous pouvez remplacer le camembert par du chèvre, ou tout autre fromage selon votre goût.

CROSNES DU JAPON AU JUS

600 g de crosnes, 100 g de beurre bien frais, 3 dl de jus de veau (ou bouillon de volaille), fines herbes hachées, sel, poivre.

1. Faites tremper les crosnes dans de l'eau tiède afin de les débarrasser de leur terre. Enlevez délicatement la partie dure et pointue des bouts avec un petit couteau d'office. Lavez-les une seconde fois mais à l'eau fraîche, puis égouttez-les bien en les pressant doucement dans un torchon.

2. Faites-les sauter à la poêle dans 60 g de beurre pendant 8 à 10 minutes, puis retirez-les avec une écumoire afin de les égoutter du beurre de cette première cuisson.

3. Versez le jus de veau dans une casserole, ajoutez les crosnes et laissez cuire doucement pendant 10 minutes. Salez, poivrez, ajoutez les fines herbes et incorporez 40 g de beurre pour lier la sauce. Servez chaud.

FONDS D'ARTICHAUTS
À LA COLBERT

12 petits artichauts, 1 œuf battu, bouquet garni (queues de persil, thym, laurier, branche de céleri), 1 oignon piqué de clous de girofle, le jus d'1 citron, chapelure (ou mie de pain fraîche), farine, sel, poivre en grain. POUR LA SAUCE COLBERT : 100 g de beurre, 4 dl de jus de viande, 2 dl de porto (facultatif), sel, poivre du moulin.

1. Débarrassez les artichauts de leurs feuilles. Dans une casserole, versez 2 l d'eau à laquelle vous ajouterez un peu de farine, du sel, 10 g de poivre en grain, le jus de citron, le bouquet garni et l'oignon piqué de clous de girofle. Faites bouillir et ajoutez les fonds d'artichauts. Laissez cuire à feu doux pendant 20 minutes.

2. Lorsque les artichauts sont cuits à point, égouttez-les, rafraîchissez-les, puis débarrassez-les de leur foin.

PAGE DE DROITE
Salade Messidor (recette page 149).

3. Roulez-les alors dans la farine, puis dans l'œuf battu et enfin dans la chapelure. Passez-les 5 minutes à four chaud (th. 7) et réservez-les.

4. Préparez la sauce Colbert en mélangeant dans une casserole le beurre et le jus de viande. Si vous le souhaitez, vous pouvez commencer par faire réduire le porto avant d'ajouter le beurre et le jus de viande. Salez, poivrez.

5. Dressez les fonds d'artichauts sur le fond d'un plat creux, nappez-les de sauce Colbert et servez.

Ce plat peut être servi en entrée ou en légume d'accompagnement.

FRICASSÉE DE MORILLES À LA CRÈME

(photo page de gauche)

500 g de morilles (il existe plusieurs variétés de morilles. La plus savoureuse – mais la plus onéreuse ! – est la morille française également appelée « grande blonde »), 50 g de beurre, 2 échalotes hachées, 1 verre de vin d'Arbois (ou Noilly Prat), 2 dl de crème liquide, cerfeuil, sel, poivre du moulin.

1. Faites fondre le beurre dans une cocotte. Laissez-y suer les échalotes hachées, puis ajoutez les morilles que vous laisserez cuire quelques instants sans coloration, le temps qu'elles rejettent leur eau de végétation.

2. Ajoutez le vin d'Arbois et laissez cuire à nouveau quelques minutes. Versez ensuite la crème liquide, et assaisonnez avec le sel et le poivre.

3. Égouttez les morilles et faites réduire la sauce jusqu'à l'obtention d'une texture bien consistante. Rajoutez-y alors les morilles en les mélangeant soigneusement sans brutalité.

4. Dressez dans un plat creux et accompagnez d'une petite salade de cerfeuil. Servez.

N.B. : Ces champignons accompagnent très bien une volaille ou une côte de veau. Vous pouvez mélanger quelques pointes d'asperges aux morilles.

ŒUFS BROUILLÉS AUX TRUFFES

(photo page 97)

8 œufs, 80 g de beurre, 2 cuillerées à soupe de crème double, 50 g de truffes fraîches (ou stérilisées) coupées en julienne ou hachées + quelques lamelles pour le décor, cerfeuil décoratif, 1 gousse d'ail, sel, poivre.

1. Frottez le fond d'une sauteuse avec la gousse d'ail, et faites-y fondre le beurre.

2. Battez les œufs et passez-les au chinois avant de les verser dans la sauteuse. Il est conseillé de cuire les œufs au bain-marie, de préférence au bord du fourneau, la principale difficulté de la recette résidant dans une cuisson parfaite.

3. Brouillez les œufs au fouet en les remuant sans arrêt jusqu'à épaississement. Enlevez alors du feu, et incorporez la crème double tout en continuant à remuer. Rectifiez l'assaisonnement et ajoutez les truffes.

4. Dressez la préparation en timbale ou en légumier préalablement préchauffé, et disposez sur le dessus les lamelles de truffes et quelques feuilles de cerfeuil. Servez.

ŒUFS HALÉVY

8 œufs + 1 blanc d'œuf dur, 1/4 de litre de sauce béchamel, 1/4 de litre de sauce tomate, 4 tranches de pain de mie, sel, poivre, truffes hachées pour le décor.

1. Cuisez les œufs mollets, écalez-les et réservez-les dans un peu d'eau chaude afin qu'ils ne refroidissent pas complètement.

2. Taillez les tranches de pain de mie en 8 triangles (ou ovales) et colorez-les légèrement à la poêle.

3. Faites réchauffer les sauces. Posez les œufs sur les tranches de pain de mie et nappez-en 4 de béchamel et 4 de sauce tomate. Dressez en intercalant un œuf de chaque couleur. Sur les œufs nappés de béchamel, parsemez les truffes hachées, et sur ceux nappés de sauce tomate, décorez avec du blanc d'œuf cuit.

OMELETTE AUX HUÎTRES

Voici la recette d'Alexandre Dumas :

12 œufs, 16 huîtres creuses en coquilles, 6 belles tomates, 1 cuillerée à café d'échalotes hachées, 1 gousse d'ail, 1 bouquet garni (queues de persil, thym, laurier, branche de céleri), 100 g de beurre, sel, poivre du moulin.

1. Préparez une concassée de tomates fraîches. Mondez-les, épépinez-les, hachez-les, puis faites-les suer dans le beurre et les échalotes. Ajoutez le bouquet garni, une pincée de sel et trois tours de poivre du moulin. Couvrez et laissez cuire tout doucement pendant 15 minutes.

2. Pendant ce temps, ouvrez les huîtres et décoquillez-les. Donnez deux ou trois coups de couteau dans la moitié des huîtres et ajoutez-les à la concassée de tomates.

3. Cassez les œufs, battez-les, salez et poivrez. Donnez deux ou trois coups de couteau dans l'autre moitié des huîtres et ajoutez-les aux œufs que vous cuirez en omelette assez baveuse pour ne pas surchauffer les huîtres qui perdraient ainsi leur goût.

4. Servez sur un plat creux avec la concassée de tomates aux huîtres sous l'omelette.

POMMES ANNA

(photo page de droite)

500 g de pommes de terre (Bintje ou BF 15), 150 à 200 g de beurre, sel, poivre du moulin.

1. Mettez à fondre doucement le beurre dans une casserole au bain-marie. Enlevez la pellicule blanche qui se trouve en suspension puis versez-le dans un saladier.

2. Pendant ce temps, lavez, épluchez et taillez les pommes de terre en forme de bouchons le plus régulièrement possible. Émincez-les ensuite en morceaux d'environ 1/2 millimètre d'épaisseur. Mélangez avec le beurre et assaisonnez de sel et de poivre.

3. Dans un moule à génoise antiadhésif, disposez en rosace les rondelles de pommes de terre en une première couche, puis une deuxième et ainsi de suite, en prenant bien soin de serrer les pommes de terre.

4. Cuisez ce gâteau à four chaud environ 30 minutes. La cuisson est parfaite lorsqu'en enfonçant une pointe de couteau, on n'éprouve aucune résistance. Avant de servir, égouttez le gâteau quelques instants sur une grille ou une spatule à trous, afin d'éliminer l'excès de beurre.

Cette recette accompagne bien les viandes rôties.

POMMES DE TERRE
SOUFFLÉES

(voir photo page 00)

8 pommes de terre, huile, sel, poivre.

1. Lavez, épluchez les pommes de terre puis taillez-les en tranches de 5 mm d'épaisseur à l'aide d'un couteau éminceur ou d'une mandoline, et essuyez-les simplement. La coupe doit être nette et précise, sinon les pommes de terre ne réagiront pas comme vous le souhaitez. (Une pomme de terre soufflée réussie doit avoir l'aspect d'un petit coussin bien gonflé. C'est la vapeur d'eau qu'elle contient qui forme cette poche d'air).

2. Faites chauffer une bonne quantité d'huile dans deux friteuses. Cuisez une première fois les pommes de terre jusqu'à ce qu'elles soufflent légèrement.

3. Replongez-les très rapidement dans une deuxième friteuse plus chaude pour les saisir et former une pellicule soufflée mais croustillante. Pendant cette deuxième cuisson, n'hésitez pas à remuer la friteuse afin de cuire les pommes soufflées très régulièrement. N'utilisez pas d'écumoire : elle risquerait de percer les petits coussins.

4. Assaisonnez, dressez les pommes de terre soufflées sur un plat et recouvrez-les d'une serviette chaude. Servez.

N. B. : Il s'agit certainement d'une des recettes à base de pommes de terre les plus délicates à opérer. Plusieurs facteurs entrent en jeu : le choix de la pomme de terre (qui doit être à pulpe jaune très ferme et pas trop grosse) et la manière de la tailler. Avec une viande grillée, c'est un accompagnement parfait.

SALADE CÉCILIA

200 g de champignons de Paris émincés, 200 g de haricots verts cuits, 4 belles tomates mondées et coupées en quartiers (ou en fines rondelles), 1 concombre émincé (ou taillé en bâtonnets), 1/2 chou-fleur, 1 bouquet de cerfeuil haché, 1 bouquet de cerfeuil pour la décoration, huile d'olive, jus de citron, sel, poivre.

1. Le temps de préparer les autres légumes, faites mariner les champignons dans un mélange d'huile d'olive et de jus de citron, assaisonné d'une pincée de sel et quelques tours de moulin à poivre.

2. Assaisonnez séparément chacun des autres éléments avec un mélange composé de 3 cuillerées à soupe d'huile d'olive et une cuillerée à soupe de jus de citron, auquel vous ajouterez du sel, du poivre et du cerfeuil haché.

3. Dressez tous les éléments de la salade en petits bouquets et décorez avec le cerfeuil.

N.B. : Les ingrédients entrant dans la composition de cette salade peuvent varier selon votre marché.

SALADE MESSIDOR

(photo page 143)

céleri rave coupé en bâtonnets, 2 pommes reinettes épluchées et coupées en petits dés, 1 betterave rouge moyenne, épluchée et coupée en petits dés, 10 cerneaux de noix, 1 truffe, sel, poivre du moulin. POUR LA SAUCE : 3 jaunes d'œufs, 1 cuillerée de vinaigre au jus de citron, 1/2 litre d'huile d'arachide, 1 cuillerée à café de concentré de tomates, sel, poivre de Cayenne ou paprika.

1. Cuisez séparément les petits pois (3 minutes après l'ébullition), les haricots verts (5 à 7 minutes selon grosseur) et les dés de céleri rave (2 minutes après l'ébullition) à l'eau bouillante salée. Égouttez puis rafraîchissez sous l'eau courante.

2. Confectionnez une sauce mayonnaise avec les 3 jaunes d'œufs auxquels vous ajouterez la cuillerée de vinaigre au jus de citron. Salez et poivrez, puis montez à l'aide d'un fouet avec le 1/2 litre d'huile. Incorporez la cuillerée de concentré de tomates, puis ajoutez selon votre goût un peu de paprika ou de poivre de Cayenne pour relever davantage.

3. Versez la sauce dans le fond d'un grand saladier, disposez dessus les haricots verts, le céleri, et les petits pois, ainsi que les dés de pommes et de betterave. Ajoutez enfin les noix puis la truffe coupée en lamelles très fines.

Mélangez la salade juste avant de servir, afin de lier tous les éléments.

SALADE AUX TRUFFES

500 g de pommes de terre à chair ferme (idéalement Ratte du Touquet), truffes fraîches selon votre goût (50 g à 100 g) coupées en fines lamelles, 0,5 dl d'huile d'olive, moutarde forte blanche, vinaigre de xerès (ou balsamique), sel, poivre.

1. Cuisez les pommes de terre, épluchez-les et coupez-les en fines lamelles.

2. Dans un saladier, réunissez 0,5 dl d'huile d'olive, une cuillerée à café de moutarde, deux cuillerées à café de vinaigre, du sel et du poivre.

3. Mélangez énergiquement afin d'obtenir une vinaigrette liée. Ajoutez les truffes et les pommes de terre encore tièdes (afin qu'elles exaltent le goût des truffes). Servez.

POISSONS
CRUSTACÉS ET FRUITS DE MER

BARBUE SAUMONÉE
À L'ORPHÉE

1 barbue de 800 g à 1 kg, 250 g de chair de saumon, 250 g de crème liquide, 1 dl de crème fraîche, 1 blanc d'œuf, 3 dl de fumet de poisson, 2 échalotes hachées, 1 botte de queues de persil, 1 bouquet de cerfeuil, 6 feuilles de gélatine, quelques lamelles de truffe, beurre, sel, poivre.

1. Enlevez la peau noire de la barbue, ouvrez les filets de façon à dégager l'arête centrale. Donnez un coup de ciseaux à hauteur de la tête et un autre au niveau de la queue, glissez une fine lame le long de l'arête centrale, par en-dessous, et enlevez-la sans décoller les filets de la peau blanche. Ébarbez le poisson.

2. Passez au mixer (cutter) la chair de saumon additionnée du blanc d'œuf jusqu'à obtenir la consistance la plus lisse possible, salez et poivrez. Filtrez ensuite ce mélange à travers un tamis fin, et incorporez-lui la crème liquide. À l'aide d'une poche sans douille, farcissez la barbue (sans exagération, car la préparation gonfle à la cuisson) puis rabattez les filets sur la farce.

3. Dans un plat légèrement beurré, disposez la barbue, les échalotes et les queues de persil. Versez le fumet sur le tout, puis cuisez à four chaud (th. 8) pendant environ 10 minutes.

4. Égouttez le poisson et dressez-le sur un grand plat. Passez au chinois le fumet de cuisson, ajoutez la crème et rectifiez l'assaisonnement. Ajoutez alors la gélatine et laissez cuire environ 5 minutes. Laissez ensuite légèrement refroidir cette sauce, sans qu'elle ait toutefois le temps de prendre complètement, et nappez-en le poisson. Décorez-le ensuite « à l'Orphée », c'est-à-dire en dessinant avec les truffes découpées des notes de musique sur une partition. Complétez la décoration avec le cerfeuil et servez.

BAR POCHÉ
SAUCE HOLLANDAISE
(photo page de droite)

1 bar d'1,6 kg à 2 kg que vous ferez écailler, vider, ébarber et couper en filets par votre poissonnier, gros sel de Guérande, sel, poivre en grain. POUR LA SAUCE HOLLANDAISE : 4 jaunes d'œufs, le jus de 2 citrons, 200 g de beurre frais de qualité (Échiré par exemple), 1 dl de crème (facultatif), sel, poivre de Cayenne.

1. Coupez chaque filet en 4 parties égales. Dans une sauteuse, disposez vos morceaux de poisson, de l'eau froide à hauteur, du sel de Guérande et 5 ou 6 grains de poivre, puis portez à ébullition. Ralentissez alors la cuisson en maintenant un très léger frémissement, et laissez cuire le temps de préparer la sauce.

2. Réunissez les 4 jaunes d'œufs dans une casserole au bain-marie, ajoutez une cuillerée à soupe d'eau et du sel, puis cuisez à feu doux sur un coin du fourneau en fouettant sans arrêt jusqu'à l'obtention d'une émulsion (les jaunes doivent former un ruban). Incorporez alors progressivement, et toujours en fouettant, le beurre coupé en petits morceaux, puis assaisonnez de sel, poivre de Cayenne et jus de citron. En ajoutant la crème montée, la sauce gagnera en légèreté.

3. Disposez les filets sur un plat chaud recouvert d'une serviette chaude. Servez immédiatement avec la sauce à part.

Vous pouvez accompagner ce plat de pommes vapeur ou d'une petite salade de cristes-marines.

Anguille et rouget, 1864. Paris, musée d'Orsay.

BRANDADE DE MORUE
À LA PARISIENNE

500 g de morue dessalée, 125 g de beurre, 2 dl d'huile d'olive, 3 dl de béchamel, poivre, bouchées en feuilletage (facultatif).

1. Faites dessaler la morue dans de l'eau fraîche pendant 5 heures. Au bout de ce temps, pochez-la 15 minutes dans de l'eau bouillante, puis égouttez-la, épluchez-la, émiettez-la, et retirez-lui les peaux et les arêtes.

2. Mettez le beurre au fond d'une casserole, placez dessus les morceaux de morue et laissez chauffer à feu doux pendant 5 minutes, tout en remuant pour bien imprégner la morue de beurre. Travaillez bien le mélange de manière à obtenir une brandade très fine.

3. Incorporez alors l'huile et la béchamel, poivrez, et servez chaud dans des bouchées en feuilletage, ou tout simplement dans un plat à gratin frotté d'ail.

BROCHET À LA FARANDOLE

1 brochet d'1, 2 kg (demandez à votre poissonnier de l'écailler, de le vider et de lui couper les nageoires), 2 l de court-bouillon au vin blanc, 1 concombre, 200 g de jeune salade ciselée, 10 feuilles de gélatine, 300 g de crevettes roses, 2 dl de mayonnaise, un peu de mayonnaise tomatée (pour la présentation), quelques lamelles de truffe, 500 g de riz, sel, poivre.

1. Pochez le brochet dans le court-bouillon 10 minutes après la première ébullition, puis laissez-le refroidir dans le liquide.

2. Après complet refroidissement, égouttez le brochet et dépouillez-le de sa peau.

3. Faites réduire le court-bouillon de moitié, puis ajoutez les feuilles de gélatine préalablement ramollies dans de l'eau froide, en mélangeant bien.

4. Posez votre poisson sur un plat et nappez-le avec la moitié de la préparation.

5. Pendant ce temps, épluchez le concombre et taillez-le en petits morceaux, que vous creuserez en forme de barquettes. Blanchissez ces barquettes puis remplissez-les de la salade ciselée mélangée à la mayonnaise. Posez une lamelle de truffe sur chaque barquette.

6. Cuisez le riz, disposez-le au fond d'un plat et posez dessus le brochet comme sur un socle. Décorez avec les crevettes roses que vous placerez le long de l'arête dorsale, puis nappez le tout avec le reste de gelée. Garnissez enfin avec les concombres en farandole autour du brochet et mettez au réfrigérateur. Servez bien frais avec la mayonnaise tomatée.

CHARTREUSE DE FILETS
DE POISSON

600 g de filets de sole, 4 belles tranches de saumon fumé, 2 dl de fumet de poisson, 2 dl de jus de homard (ou bisque), 100 g de beurre, 2 échalotes hachées, 1 botte de queues de persil, 1 courgette, 1 botte de ciboulette ciselée, beurre, sel, poivre. POUR LA FARCE DE POISSON : 150 g de merlan, 150 g de turbot, 250 g de crème liquide, 2 blancs d'œufs, sel, poivre. POUR LA BRUNOISE DE LÉGUMES : Légumes de saison (asperges, céleris, courgettes, carottes...)

1. Confectionnez la farce en passant au mixer (cutter) le merlan, le turbot et les blancs d'œufs, que vous monterez ensuite avec la crème liquide. Passez le tout au tamis fin, assaisonnez de sel et poivre, et réservez au frais.

2. Étalez les filets de sole, et recouvrez chacun d'eux d'1/3 de tranche de saumon fumé. Roulez le tout, piquez avec un bâtonnet de bois et cuisez les filets de sole ainsi préparés 7 minutes à couvert dans un trait de fumet de poisson auquel vous aurez ajouté les échalotes hachées et les queues de persil.

3. Lavez et coupez la courgette en rondelles d'1 mm d'épaisseur environ. Préparez vos légumes de saison en les coupant en petits dés de 2 mm sur 2 environ. Blanchissez-les 2 minutes à l'eau bouillante salée, puis incorporez-les à la farce de poisson en ajoutant la ciboulette ciselée. Coupez ensuite les filets de sole en rondelles d'1/2 cm d'épaisseur.

4. Prenez 4 petits moules ronds à charlotte, beurrez-les, puis disposez au fond de chacun d'eux une rosace de rondelles de courgettes. Placez les rondelles de filets de sole sur les côtés, puis la farce au centre sur le lit de courgette. Posez un papier sulfurisé beurré sur le dessus de chaque moule, et cuisez au bain-marie pendant environ 10 minutes.

5. Pendant ce temps, montez au beurre le jus de homard et assaisonnez. Démoulez les chartreuses sur un plat, nappez-les de cette préparation et servez aussitôt.

N.B. : Le mot « chartreuse » à l'époque, n'était pas seulement utilisé pour caractériser une volaille au choux : il pouvait également qualifier une préparation dressée dans des moules ronds (un peu comme une charlotte). Vous pouvez remplacer la courgette par des carottes, du céleri, ou encore des champignons de Paris, et confectionner un beurre blanc classique à la place de la sauce au jus de homard.

ÉCREVISSES
À LA BORDELAISE

8 à 10 écrevisses par personne, 0,5 dl de cognac, 1 dl de vin blanc sec, 1 cuillerée à soupe de concentré de tomates, 200 g de beurre, 0,5 dl de jus de viande, un peu de jambon de Paris haché (facultatif), sel, poivre. POUR LA GARNITURE : 1 carotte, 1 oignon, 2 échalotes, 50 g de persil.

1. Taillez la carotte, l'oignon et les échalotes en petits dés de 2 mm sur 2 environ. Hachez le persil.

2. Enlevez très rapidement le boyau situé dans la partie centrale de la queue des écrevisses, puis faites-les sauter vivement dans une sauteuse contenant un peu de beurre. Flambez ensuite avec le cognac, ajoutez la garniture (en réservant un peu de persil haché pour le décor), et faites revenir le tout à l'aide d'une spatule en bois jusqu'à ce que toutes les écrevisses soient devenues rouges.

3. Ajoutez le vin blanc et le concentré de tomates, couvrez, et laissez cuire à feu doux 6 à 8 minutes.

4. Débarrassez les écrevisses et dressez-les dans une timbale en les réservant au chaud sur une assiette à l'entrée du four. Faites réduire la sauce, puis ajoutez le jus de viande, et liez avec le beurre. Rectifiez l'assaisonnement, nappez les écrevisses de cette sauce, puis décorez-les avec le restant de persil haché et, le cas échéant, le jambon haché. Servez.

FILETS DE GRONDIN
À LA PARMENTIÈRE

4 rougets de 400 g chacun environ, dont vous demanderez à votre poissonnier de vous lever les filets, 400 g de pommes de terre à chair ferme (nouvelles ou de Noirmoutier par exemple), 2 belles tomates, 1 dl de vin blanc sec, 1 dl de fumet de poisson, 2 oignons, 1 gousse d'ail, 1 bouquet garni (basilic, romarin, thym), huile d'olive, sel, poivre.

1. À l'aide d'une pince à épiler, retirez au maximum les petites arêtes des rougets.

2. Épluchez et émincez les pommes de terre en fines rondelles, sans les laver. Mondez et coupez en fines rondelles les tomates et les oignons. Écrasez la gousse d'ail.

3. Huilez un plat à four et disposez-y une première couche de pommes de terre et de tomates mêlées aux oignons, puis ajoutez les filets que vous recouvrirez d'une nouvelle couche de tomates et oignons, puis de pommes de terre. Salez, poivrez à chaque « étage », et disposez le bouquet garni au centre du plat. Mouillez avec le vin blanc et le fumet de poisson, puis ajoutez un large trait d'huile d'olive et cuisez à four chaud (th. 7) environ 15 à 20 minutes (les pommes de terre doivent être fondantes). Servez ce plat très chaud, accompagné d'une petite salade assaisonnée d'huile d'olive et de citron.

Filets de sole au sabayon de champagne et grains de caviar.

FILETS DE SOLE AU SABAYON DE CHAMPAGNE ET GRAINS DE CAVIAR

(photo page de gauche)

3 belles soles de ligne (de préférence assez épaisses) que vous ferez lever en 12 filets par votre poissonnier. Demandez-lui les arêtes pour confectionner le fumet. 1 échalote hachée, 1 dl de vin de champagne, 1 dl de fumet de poisson, 2 jaunes d'œufs, 75 g de beurre clarifié, 5 cl de crème liquide montée, 2 cuillerées à café de caviar Sevruga, sel, poivre.

1. Dans un plat allant au four légèrement beurré, disposez les filets de sole roulés en spirale, ajoutez l'échalote hachée et le fumet de poisson. Cuisez 5 minutes à four vif, puis réservez les filets au chaud.

2. Dans une sauteuse, faites réduire légèrement le fumet de poisson à feu doux, puis ajoutez-lui les jaunes d'œufs que vous monterez comme un sabayon afin d'obtenir une mousse légère et presque cuite. Incorporez ensuite le beurre puis la crème, et enfin au dernier moment le vin de champagne. Rectifiez l'assaisonnement. Nappez les filets de cette sauce et disposez un peu de caviar au centre de chacun d'eux. Servez aussitôt avec un peu de riz pilaf.

GOUJONS FRITS

De l'ouverture de la pêche jusqu'en octobre, le goujon est extrêmement abondant et sa croquante et savoureuse friture est appréciée partout. À Paris principalement, elle jouit d'une immense popularité.

La recette de cette friture est d'une simplicité remarquable : choisissez 1 kg de goujons pas trop gros, videz-les, écaillez-les, essuyez-les vivement puis passez-les dans la farine. Il ne vous reste plus qu'à les frire dans de l'huile d'arachide bien chaude pendant environ 4 minutes de façon à ce qu'ils soient croustillants et fermes à la fois. Assaisonnez-les de sel fin sur le plat de service, et dressez-les en

couronne ou en buisson. Décorez avec du persil frit et quelques rondelles de citron.

HOMARD À LA CONSTANT GUILLOT (« HOMARD À L'AMÉRICAINE »)

2 homards femelles bien vivants de 800 à 900 g chacun environ, 1 dl d'huile d'olive, 5 cuillerées à café de cognac, 2 dl de vin blanc sec, 150 g de beurre, 4 échalotes hachées finement, 6 belles tomates mondées, épépinées et hachées (ou éventuellement passées au mixer), 1 pointe d'ail hachée, le jus d'1 citron, 1 cuillerée à soupe d'estragon haché, sel, poivre de Cayenne.

1. Fendez les homards dans la longueur et retirez la poche de sable située au niveau de la tête. Enlevez également la partie crémeuse un peu verdâtre (qui servira à confectionner la sauce). Séparez ensuite les pinces du corps, et fendez-les en deux afin de faciliter l'extraction de la chair après la cuisson. Divisez enfin chaque moitié de homard en trois.

2. Dans une large cocotte, faites revenir les morceaux de crustacés dans l'huile d'olive jusqu'à ce que les chairs soient bien saisies et que les carapaces soient bien rouges. Arrosez alors avec le cognac et le vin blanc, puis ajoutez les échalotes, les tomates, la pointe d'ail, du sel et du poivre de Cayenne. Couvrez la cocotte et laissez cuire 15 minutes à feu moyen.

3. Dressez les morceaux de homards dans un plat creux, puis incorporez au jus de cuisson la partie crémeuse que vous avez réservée, ainsi que le beurre. Mélangez bien au fouet et cuisez à nouveau quelques secondes. Passez au chinois, puis ajoutez le jus de citron et l'estragon. Rectifiez l'assaisonnement, nappez les homards de cette sauce et servez immédiatement.

Ce plat peut être accompagné de riz.

HUÎTRES AU CHAMPAGNE

(photo page de droite)

24 huîtres creuses, 2 dl de champagne, 100 g de beurre, 50 g d'amandes effilées, 300 g d'épinards en branches bien lavés, sel, poivre.

1. Ouvrez les huîtres et décoquillez-les en filtrant leur jus. Disposez-les dans une large sauteuse avec le jus filtré et le champagne, et portez à ébullition. Retirez alors les huîtres et faites réduire le jus en le montant avec le beurre. Rectifiez l'assaisonnement en tenant compte du sel contenu dans les huîtres.

2. Dans un plat allant au four, disposez les coquilles d'huîtres. Placez au fond de chacune d'elles un peu d'épinards cuits et une huître. Nappez de sauce, parsemez de quelques amandes effilées, puis passez au four sur position grill quelques minutes. Servez aussitôt.

LAMPROIE (OU LOTTE) AUX POIREAUX

1,2 kg de lamproie (ou de lotte), 4 beaux poireaux, 2 dl de crème fraîche, 1 jaune d'œuf, 1 bouquet de cerfeuil, huile d'olive, quelques rondelles de petites pommes de terre épluchées et cuites à l'eau (facultatif), sel, poivre, curry (facultatif).

1. Coupez le poisson en 8 ou 12 morceaux, et faites-les revenir dans une grande sauteuse contenant un trait d'huile d'olive. Salez, poivrez, ajoutez les poireaux lavés et coupés en petits tronçons, et laissez cuire le tout jusqu'à ce que l'eau de végétation des poireaux soit sortie. Ajoutez alors la crème, puis couvrez et laissez cuire à feu doux 5 minutes environ.

2. Décantez le poisson et les poireaux, puis faites réduire la sauce de moitié. Ajoutez alors le jaune d'œuf, mixez et passez au chinois.

3. Réunissez dans la sauteuse le poisson, les poireaux et la sauce, à laquelle vous pouvez si vous le souhaitez, ajouter les pommes de terre et une pointe de curry. Laissez réchauffer à feu doux en ne faisant surtout pas bouillir la sauce. Rectifiez l'assaisonnement et servez après avoir décoré avec le cerfeuil.

MATELOTE D'ANGUILLES

800 g d'anguilles fraîchement tuées, écorchées et coupées en tronçons, 5 dl de vin rouge (bordeaux de préférence), 1 dl de fumet de poisson, 150 g de petits oignons grelots, 1 gros oignon haché, 150 g de champignons de Paris, 2 carottes, 4 tranches de pain de mie, 2 gousses d'ail, 1 petit bouquet garni (queues de persil, thym, laurier, branche de céleri), 10 g de farine, 50 g de beurre, huile d'arachide, sel, poivre du moulin.

1. Dans une grande sauteuse, faites revenir dans l'huile les morceaux d'anguilles préalablement assaisonnés de sel et poivre. Ajoutez les gousses d'ail écrasées, l'oignon haché ainsi que les carottes épluchées et coupées en rondelles et le bouquet garni. Faites revenir l'ensemble à feu moyen pendant 5 minutes.

2. Ajoutez le vin rouge puis le fumet de poisson, et portez à ébullition avant de réduire la cuisson (léger mijotement). Laissez cuire une demi-heure.

3. Retirez alors les morceaux d'anguilles et laissez réduire la sauce 1/4 d'heure à feu doux.

4. Pendant ce temps, cuisez les champignons de Paris épluchés et émincés dans une noisette de beurre, ainsi que les petits oignons, en vérifiant bien la cuisson.

5. Mélangez les 50 g de beurre et la farine jusqu'à l'obtention d'une pâte lisse, et incorporez petit à petit cette préparation dans la sauce en légère ébullition, à l'aide d'un fouet.

6. Dans une poêle, faites rissoler le pain de mie coupé en forme de cœurs ou de petits dés.

7. Remettez les morceaux d'anguille à mijoter quelques instants dans la sauce, puis dressez-les

dans un grand plat creux en ajoutant la garniture de petits oignons et champignons, ainsi que les croûtons. Servez très chaud.

MORUE À L'ITALIENNE

800 g de morue salée, 400 g de pommes de terre cuites à l'eau (Bintjes de préférence), 2 dl d'huile d'olive, 2 dl de béchamel, 100 g de parmesan, 100 g de truffes du Piémont, 1 gousse d'ail hachée (facultatif), 1/2 l de lait, sel, poivre du moulin.

1. Laissez dessaler la morue quelques heures sous l'eau courante, puis faites-la pocher le temps d'une ébullition dans un mélange d'eau et de lait (1/2 l de chaque). Effeuillez-la ensuite en enlevant les arêtes et la peau.

2. Faites cuire les pommes de terre à l'eau, puis pilez-les avec la morue dans un mortier, en incorporant l'huile d'olive, la béchamel, le parmesan, les truffes et éventuellement l'ail. Rectifiez l'assaisonnement, puis dressez en coquilles ou sur un plat à gratin. Servez.

SAUMON, HUÎTRES ET CREVETTES GRISES

(photo page de droite)

12 huîtres creuses, 1 filet de saumon de 800 g environ, ou 4 escalopes de 170 g chacune, 3 dl de fumet de poisson, 1 dl de jus de homard (ou bisque), 200 g de crevettes grises (vivantes si possible), 120 g de beurre, le jus d'un citron, huile d'olive, sel, poivre.

1. Ouvrez les huîtres, et détachez-les de leurs coquilles en conservant leur jus que vous filtrerez.

2. Si vos crevettes grises sont vivantes, prenez une poêle bien chaude contenant un trait d'huile d'olive, et cuisez-les 30 secondes.

3. Dans une sauteuse, versez le fumet de poisson et le jus des huîtres, puis disposez le saumon. Portez jusqu'à un léger frémissement et laissez cuire 4 à 5 minutes.

4. Débarrassez le saumon et faites réduire le jus de cuisson très vivement de moitié. Ajoutez le jus de homard, faites réduire à nouveau (en gardant suffisamment de liquide pour napper les escalopes de saumon), puis montez la sauce avec le beurre.

5. Dans un plat à poisson, disposez le saumon et entourez-le des huîtres et des crevettes. Ajoutez à la sauce le jus de citron, salez et poivrez, puis nappez le saumon et sa garniture. Servez.

N.B. : Les huîtres et les crevettes peuvent être servies dans des petites bouchées en feuilletage. Vous pouvez également accompagner le saumon d'épinards en branche et/ou de pommes vapeur.

TRUITES
À LA BOURGUIGNONNE

4 belles truites (demandez à votre poissonnier de les vider et de leur couper les nageoires), 12 champignons de Paris, 12 oignons nouveaux, 1/2 l de vin rouge (bourgogne léger ou anjou), 2 dl de fumet de poisson, 2 échalotes hachées, 150 g de beurre, un peu de sucre en poudre, 1 bouquet de persil, sel, poivre.

1. Lavez et séchez les truites.

2. Dans une sauteuse, faites suer les 2 échalotes avec 50 g de beurre, puis ajoutez le vin (en réservant l'équivalent de 2 cuillerées à soupe) et le fumet de poisson. Salez, poivrez et laissez réduire de moitié.

3. Disposez les truites dans un plat creux allant au four. Versez dessus la sauce au vin rouge, ajoutez les queues des champignons nettoyées et coupées en petits dés, puis cuisez à four chaud (th. 8) pendant 8 à 10 minutes.

4. Pendant ce temps, cuisez à couvert dans le vin rouge que vous avez réservé les oignons nouveaux et les têtes des champignons lavées et entières, 10 minutes à feu doux. Ajoutez le sucre en fin de cuisson pour glacer la garniture.

5. Dressez les truites sur un plat ovale et disposez la garniture autour. Faites réduire le jus de cuisson en montant avec les 100 g de beurre restants. Rectifiez l'assaisonnement et nappez le plat de cette sauce. Décorez avec le persil et servez aussitôt.

N.B. : La garniture peut être dressée dans des petites croustades de pâte feuilletée.

VIANDES
ABATS ET GIBIER

DOUBLE CÔTE DE VEAU À LA ZINGARA

2 belles côtes de veau (de lait) d'environ 500 g chacune, 100 g de jambon de pays, 100 g de langue écarlate, 3 belles tomates, 100 g de champignons de Paris, 30 g de truffes, 1 bouquet d'estragon, 1,5 dl de vin blanc sec, 2 dl de jus de veau, 1 oignon haché, 150 g de beurre, huile d'arachide, sel, poivre du moulin.

1. Faites suer dans un peu de beurre l'oignon haché, et ajoutez-y les tomates mondées, épépinées et hachées grossièrement. Couvrez puis laissez cuire à feu doux pendant environ 1/4 d'heure. Salez et poivrez.

2. Pendant ce temps, hachez l'estragon et taillez en fine julienne le jambon ainsi que la langue écarlate. Nettoyez et émincez les champignons de Paris et hachez les truffes.

3. Cuisez à la poêle dans un peu d'huile d'arachide les côtes de veau environ 10 minutes de chaque côté, selon leur grosseur et la cuisson désirée (elles seront meilleures servies rosées).

4. Dès que les côtes sont cuites à point, réservez-les au chaud. Dans la poêle de cuisson, faites suer les champignons de Paris. Ajoutez alors le vin blanc, laissez réduire 2 à 3 minutes, puis ajoutez le jus de veau et laissez cuire 15 minutes à feu moyen. Incorporez alors cette préparation à la purée de tomates et laissez cuire à nouveau 10 minutes en remuant avec une spatule afin que la sauce n'attache pas, puis ajoutez le beurre petit à petit.

5. Dressez les côtes de veau sur un grand plat. Nappez-les avec la sauce et parsemez dessus la julienne de jambon, la langue écarlate et les truffes. Servez aussitôt.

JAMBON BRAISÉ AUX ÉPINARDS, SAUCE MADÈRE

(photo page de droite)

Pour 8 à 12 personnes selon le poids du jambon.

1 jambon fermier dont vous choisirez le poids en fonction des convives, 1/2 litre de madère, 1/2 litre de jus de viande, 2 kg d'épinards, 200 g de beurre, 2 gousses d'ail hachées, sel, poivre.

1. Faites tremper le jambon à l'eau froide dans une cocotte (ou un évier propre) pendant environ 6 heures. Mettez ensuite la cocotte sur le feu, sans aucun assaisonnement ni addition aromatique. Portez à ébullition et maintenez ensuite un léger frémissement. Écumez si nécessaire, et pochez le jambon (le temps de pochage dépend de la qualité et du poids du jambon : comptez environ 18 à 20 minutes par livre).

2. Une demi-heure avant la fin de la cuisson, égouttez le jambon et lavez-le en enlevant toute la couenne et en dégageant l'os principal.

3. Placez-le alors au four dans une braisière où vous le laisserez cuire 1 heure (th. 6) après avoir ajouté le madère et le jus de viande. En fin de cuisson, retirez le couvercle de la braisière et arrosez le jambon avec la sauce pour le glacer légèrement.

4. Pendant ce temps, équeuttez, lavez et égouttez les épinards. Dans une cocotte, faites bien mousser le beurre auquel vous aurez ajouté l'ail, et cuisez-y les épinards quelques minutes. Rectifiez l'assaisonnement, et servez dans un légumier en accompagnement du jambon, qui sera quant à lui présenté sur un plat supportant la découpe.

N.B. : Vous pouvez également servir une purée de pommes de terre en accompagnement.

FILETS MIGNONS DE VEAU PANÉS ET GRILLÉS

650 à 700 g de filets mignons (demandez à votre boucher de les couper en 8 grenadins), 8 tranches de lard fumé, 1 œuf battu, mie de pain fraîche, huile d'arachide, 2 dl de sauce diable (voir recette des cuisses de poulet à la diable) ou tomate, 250 g de mesclun, huile d'olive, vinaigre balsamique, sel, poivre.

1. Entourez chaque grenadin d'une tranche de lard, ficelez-les et assaisonnez-les de sel et poivre avant de les passer de chaque côté dans l'œuf battu, puis dans la mie de pain.

2. Dans une grande sauteuse à bords plats, faites chauffer un peu d'huile d'arachide et cuisez-y les filets sur une face pendant 2 à 3 minutes (sans trop de coloration), puis sur l'autre, également 2 à 3 minutes.

3. Terminez la cuisson (qui ne doit pas excéder au total 8 minutes) à feu très chaud, rectifiez l'assaisonnement, puis servez avec une sauce diable (ou une sauce tomate classique) et le mesclun assaisonné d'huile d'olive et vinaigre balsamique.

GIGOT DE CHEVREAU AUX CONCOMBRES

1 gigot de chevreau d'1,5 kg environ que vous ferez parer, 3 concombres, garniture aromatique : 1 carotte et 1 oignon coupés en brunoise, 1 tête d'ail, thym, laurier, 2 tranches de jambon cru, 2 dl de jus de volaille (ou de viande), 1 verre de vin blanc sec, 1 bouquet de cresson, huile d'olive, sel, poivre.

1. Faites rôtir le gigot salé et poivré dans une cocotte contenant un trait d'huile d'olive et la garniture aromatique. Comptez un quart d'heure pour 500 g et rectifiez l'assaisonnement en fin de cuisson.

2. Pendant ce temps, taillez les concombres en tronçons de 10 cm environ, puis coupez chacun de ces tronçons en 4. Épluchez tous ces petits morceaux

en prenant soin d'enlever les pépins, et donnez-leur une forme légèrement bombée (un peu comme une gousse d'ail).

3. Blanchissez les concombres quelques minutes dans de l'eau bouillante salée, puis égouttez-les et disposez-les dans une casserole contenant le jambon. Mouillez les concombres avec le jus de volaille et laissez cuire jusqu'à ce que le jus nappe bien les concombres.

4. Disposez ensuite les concombres autour du gigot rôti, et déglacez la casserole avec le vin blanc et un peu d'eau. Salez, poivrez, puis dégraissez le jus de cuisson du rôti et déglacez-le avec celui des concombres. Rectifiez l'assaisonnement, puis filtrez le tout avec une petite passoire et nappez les concombres de cette sauce. Décorez en intercalant le cresson entre les concombres et servez.

DOS DE LIÈVRE GARNI À LA PARISIENNE

2 râbles de lièvres de pays avec les foies, 300 g de foie gras de canard, 2 morceaux de crépine de porc (30 cm sur 30 environ), 2 échalotes hachées, 2 cuillerées à soupe de crème double, un peu de sang de lièvre (facultatif), un peu de fond de gibier (ou de volaille), 1 bouquet de persil frisé, huile d'olive, cognac, sel, poivre du moulin.

1. Levez délicatement les filets des lièvres en gardant la partie centrale de la peau, et assaisonnez-les de sel et de poivre.

2. Dans un mixer mélangez le foie gras de canard avec les foies des lièvres, les échalotes et le persil. Tapissez de cette préparation chaque filet de lièvre, et enfermez-les dans un morceau de crépine afin de maintenir la farce.

3. Dans une grande poêle, faites chauffer un trait d'huile d'olive, et saisissez-y les crépines. Flambez au cognac, et ajoutez le fond de gibier. Ne laissez pas trop cuire : le lièvre doit en principe se

manger rosé. Ajoutez la crème, rectifiez l'assaisonnement et laissez réduire jusqu'à ce que la sauce ait épaissi. Passez ensuite la sauce au chinois, et réservez-la au chaud. Cette sauce peut être liée au sang de lièvre.

4. Émincez les filets de lièvres et dressez-les sur un plat chaud. Nappez de sauce bien chaude et servez aussitôt.

N.B. : Vous pouvez servir ce plat avec des pâtes fraîches agrémentées d'un peu de truffes, une purée de pommes de terre ou encore des petites pommes pailles.

Un Lapin, 1866. Paris, collection particulière.

PIEDS DE MOUTON À LA POULETTE

8 pieds de mouton bien blancs achetés chez un tripier de métier, 1 bouquet garni (queues de persil, thym, laurier, branche de céleri), 1 gros oignon piqué de clous de girofle, quelques champignons de Paris (facultatif), 40 g farine, 3 cuillerées à soupe de vinaigre d'alcool, gros sel, sel fin, poivre. POUR LA SAUCE POULETTE : 30 g de beurre, 30 g de farine, 2 jaunes d'œufs, le jus d'1 citron, 1 l de bouillon de volaille (facultatif), 1 bouquet de persil haché, muscade, sel, poivre.

1. Laissez dégorger les pieds de mouton quelques heures dans de l'eau froide additionnée d'une poignée de gros sel, sous un filet d'eau courante. Essuyez-les ensuite, et brûlez-les afin d'éliminer les quelques poils restants. Blanchissez-les alors en les plongeant dans un récipient d'eau froide que vous porterez à ébullition. Égouttez-les et vérifiez leur propreté.

2. Délayez 40 g de farine dans 2 l d'eau, ajoutez 15 g de sel, l'oignon piqué de clous de girofle, le bouquet garni et le vinaigre. Laissez cuire les pieds à feu doux dans cette préparation 3 à 4 heures.

3. Pendant ce temps, préparez la sauce Poulette. Confectionnez un roux en mélangeant à feu doux les 30 g de beurre et les 30 g de farine à 1 litre de liquide (jus de cuisson des pieds de mouton ou bouillon de volaille). Liez le mélange avec les jaunes d'œufs, puis assaisonnez d'un jus de citron, de sel, de poivre et de noix de muscade. Réservez au chaud le temps que les pieds soient cuits.

4. Dans un grand plat, dressez les pieds de mouton, nappez-les de sauce Poulette et parsemez-les de persil haché. Vous pouvez ajouter quelques champignons de Paris cuits au beurre et émincés. Servez bien chaud avec une salade de mesclun.

PIEDS DE PORC
À LA MOUTARDE

**8 pieds de porc (avant) crus, 200 g de champignons de Paris, 100 g de crépine de porc, 3 à 4 cuillerées à soupe de persil frisé haché, 2 oignons moyens piqués de clous de girofle, 1 bouquet garni (queues de persil, thym, laurier, branche de céleri), 1 verre de vin blanc sec, 10 baies de genièvre, beurre, huile d'arachide, sel, poivre en grain.
POUR LA SAUCE MOUTARDE : 1 échalote hachée, 1 dl de vin blanc sec, 2 dl de crème fraîche, moutarde forte, moutarde à l'ancienne.**

1. Faites dégorger les pieds de porc sous l'eau courante pendant 1 heure, puis brûlez-les pour enlevez l'excès de poils et faites-les blanchir dans de l'eau froide que vous porterez à ébullition.

2. Écumez bien (ou changez l'eau), puis cuisez les pieds dans une préparation contenant : de l'eau froide (en quantité suffisante pour bien recouvrir les pieds), le vin blanc, le bouquet garni, les oignons piqués de clous de girofle, les baies de genièvre, du sel et du poivre en grain. Laissez cuire doucement pendant environ 2 heures, jusqu'à ce que la chair des pieds se détache toute seule des os.

3. Égouttez les pieds de porc, laissez légèrement refroidir (pas trop, sinon les chairs collent aux os), puis désossez-les et faites revenir les chairs dans un bol avec le persil. Rectifiez l'assaisonnement.

4. Faites sauter au beurre les champignons nettoyés et émincés, puis ajoutez-les au mélange. Étalez la crépine, et confectionnez 4 crépinettes en enfermant dans chacune 3 à 4 cuillerées de la préparation.

5. Versez un trait d'huile d'arachide dans 2 poêles antiadhésives, et cuisez les crépinettes de chaque côté 5 minutes à feu vif puis 10 minutes à feu doux, de façon à ce qu'elles soient bien croustillantes.

6. Pendant ce temps, préparez la sauce en faisant réduire le vin blanc jusqu'à presque totale réduction avec l'échalote hachée et la crème, puis montez-la avec 1 cuillerée à soupe de moutarde forte et une cuillerée à soupe de moutarde à l'ancienne.

7. Nappez les crépinettes de cette sauce, et servez le tout accompagné de pommes en purée et de salade.

N.B. : Il existe une variante beaucoup plus simple de cette recette, qui consiste à acheter chez votre tripier des pieds déjà cuits, qu'il vous suffira de badigeonner de moutarde et de mie de pain fraîche, puis de faire rôtir, avant de les servir avec une sauce moutarde.

SELLE DE CHEVREUIL RÔTIE

1 petite selle de chevreuil (1,8 kg environ), 100 g de petits lardons. POUR LA MARINADE (facultative) : 2 échalotes ciselées, 1 carotte pelée et coupée en rondelles, thym, laurier, 3 gousses d'ail épluchées et coupées en 2, 0,5 dl d'huile d'olive, sel, poivre.

1. Enlevez la peau et les nerfs de la selle, et piquez la chair de petits lardons. Si vous le souhaitez, faites-la mariner la veille dans l'huile d'olive à laquelle vous ajouterez les échalotes, les gousses d'ail, la carotte, le thym, le laurier, du sel et du poivre.

2. Le jour même, faites rôtir votre selle dans un plat creux à four chaud (th. 8) en la posant sur une grille afin que la viande ne baigne pas dans le jus et reste rôtie. Cuisez la selle sur l'os : la viande y gagnera en goût.

Vous pouvez éventuellement accompagner ce rôti d'une sauce classique (Grand Veneur, poivrade...) et lui ajouter une garniture : endives braisées, marrons, confiture d'oignons, petites pommes de terre sautées, ou encore crosnes du Japon (voir recette).

TÊTE DE VEAU VINAIGRETTE

1,2 à 1,5 kg de tête de veau bien blanche, 1 langue (facultatif), 4 carottes, 4 poireaux, 1 bouquet garni (queues de persil, thym, laurier, branche de céleri), 1 gros oignon piqué de clous de girofle, 1 kg de pommes de terre, 2 cuillerées à soupe de farine, le jus de 2 citrons, 1 dl de vinaigre de xérès, 2,5 dl d'huile d'arachide, 2 cuillerées à soupe de persil haché, 15 baies de genièvre, gros sel, sel fin, poivre en grain.

1. Remplissez une marmite d'eau froide et plongez-y la tête de veau que vous ferez blanchir en portant l'eau à ébullition. Rafraîchissez la tête, vérifiez-en la propreté, puis coupez-la en morceaux d'environ 60 g chacun.

2. Dans l'eau de cuisson de la marmite, délayez 2 cuillerées à soupe de farine, puis ajoutez l'oignon piqué de clous de girofle, les baies de genièvre, quelques grains de poivre, une pincée de gros sel, le jus de citron, le bouquet garni, et enfin les morceaux de tête, ainsi que la langue le cas échéant. Recouvrez la marmite d'un linge afin que les morceaux de tête qui se trouvent sur le dessus cuisent régulièrement et ne noircissent pas. Laissez cuire à feu doux entre 45 minutes et 1 heure 15 selon la qualité de la tête (la chair doit être transparente et facile à couper).

3. 15 minutes avant la fin de la cuisson, ajoutez dans la marmite les carottes épluchées et cannelées, ainsi que les poireaux lavés, épluchés et liés en botte. Cuisez à part les pommes de terre épluchées (à la vapeur si possible).

4. Préparez une vinaigrette classique avec l'huile et le vinaigre de xérès, dans laquelle vous ajouterez le persil haché. Disposez les morceaux de tête de veau sur un plat, entourez-les avec les légumes, et servez bien chaud avec la vinaigrette à part.

VOLAILLES

CAILLES À LA VENDEMIAIRE

8 à 12 cailles (selon la taille) avec leurs foies (+100 g de foies supplémentaires si vous le souhaitez), 8 à 12 (selon le nombre de cailles) morceaux de pain de mie taillés en forme de ballon de rugby, 1,5 kg de raisin muscat, 1/2 cuillerée à café de glace de viande (facultatif), 75 g de beurre frais, 1 échalote ciselée, 1 bouquet garni (queues de persil, thym, laurier, branche de céleri), 0,5 dl de cognac, 1 cuillerée à soupe de crème double, huile d'arachide, sel, poivre du moulin. POUR LA GARNITURE AROMATIQUE : 30 g de céleri rave, 30 g de carotte, 1/2 oignon.

1. Épluchez environ 600 g de raisin, et pressez le reste pour la sauce.

2. Faites rôtir les cailles dans une large sauteuse contenant de l'huile, la garniture aromatique coupée en petits dés et le bouquet garni. Laissez-les colorer sur chaque face, puis achevez la cuisson au four préchauffé (th. 7) pendant environ 15 minutes, avec la garniture.

3. Pendant ce temps, faites revenir au beurre dans une poêle les foies de volaille. Assaisonnez de sel et poivre, ajoutez l'échalote ciselée et le cognac, puis laissez cuire 10 minutes à feu doux avant d'ajouter la crème double. Passez les foies au mixer, et tartinez-en les croûtons de pain préalablement colorés à la poêle.

4. Sortez les cailles du four, flambez-les vivement, puis dressez-les sur chaque croûton. Ajoutez les 3/4 du jus de raisin au liquide de cuisson et laissez réduire jusqu'à obtenir 2 à 3 dl.

5. Dans une petite casserole, faites rissoler et caraméliser les raisins pelés avec le restant du jus de raisin, puis dispersez-les autour des cailles.

6. Passez le jus dans une sauteuse, puis montez-le au beurre, vérifiez l'assaisonnement, et ajoutez la glace de viande le cas échéant pour lier davantage la

sauce (qui doit être bien brillante). Nappez les cailles et servez bien chaud.

CAILLES AU LAURIER
(photo page de droite)

8 belles cailles vidées (dont vous demanderez les foies à votre volailler), 50 g de lard fumé, 50 g de poitrine fraîche, 1 petit bouquet de persil, 1 bouquet de cresson, 1 échalote hachée, 50 g de beurre, 0,5 dl de cognac, 1,5 dl de fond de volaille, 20 feuilles de laurier, 1 cuillerée à soupe de crème double, barde de lard, sel, poivre du moulin.

1. Mixez (cutter) les foies avec la poitrine et le lard coupés en petits morceaux, le persil, l'échalote et la crème, afin d'obtenir une farce. Assaisonnez, puis ajoutez une feuille de laurier hachée.

2. Farcissez les cailles, puis entourez-les d'un morceau de barde garni d'une feuille de laurier. Rôtissez-les à four chaud (th. 7) dans un plat ou à la broche, pendant 10 à 18 minutes selon la cuisson désirée.

3. Retirez ensuite les cailles du four, flambez-les avec le cognac, puis débarrassez-les de leur barde tout en gardant la feuille de laurier posée dessus.

4. Versez le jus de cuisson dans une sauteuse, ajoutez-y le jus de volaille ainsi que les feuilles de laurier restantes, et laissez réduire jusqu'à ce qu'elles aient suffisamment infusé. Montez alors avec le beurre et rectifiez l'assaisonnement.

5. Disposez les cailles en couronne sur un plat, les pattes vers le centre. Décorez avec le cresson, nappez avec une partie de la sauce et servez avec le restant de sauce à part.

N.B. : Vous pouvez accompagner ce plat d'une garniture de pommes paille.

feu doux dans le plat de cuisson jusqu'à ce qu'elle soit caramélisée, en dégraissant à nouveau au besoin.

3. Flambez avec le Grand-Marnier, puis ajoutez le fond de veau, rectifiez l'assaisonnement, et ajoutez en finition les zestes d'oranges et de citrons confits. Disposez les morceaux de canard sur un plat décoré de quelques quartiers d'oranges et pommes gaufrettes.

Servez avec la sauce à part.

CHAPON À LA MONSELET

1 beau chapon de 2 kg environ, vidé et bardé, 4 belles quenelles de volailles (ou 8 petites) que vous trouverez chez votre volailler, 200 g de champignons de Paris, 50 g de truffes, 150 g de jambon cru, 100 g de beurre frais, 1 verre de vin blanc sec, porto (facultatif), 2 dl de fond de volaille brun, huile d'arachide, sel, poivre. POUR LA GARNITURE AROMATIQUE : 50 g de céleri rave, 50 g de carottes, 1/2 oignon, 1 bouquet garni (queues de persil, thym, laurier, branche de céleri), 2 gousses d'ail.

1. Coupez en petits dés le céleri, l'oignon et la carotte, et placez-les dans le plat de cuisson. Ajoutez le bouquet garni et les deux gousses d'ail épluchées et écrasées. Rôtissez classiquement le chapon au four (th. 8) avec un trait d'huile d'arachide, entre 1 heure 30 et 2 heures selon votre goût. Arrosez fréquemment en cours de cuisson.

2. Aux 3/4 de la cuisson, ajoutez le vin blanc et le fond de volaille. Terminez la cuisson en continuant d'arroser fréquemment.

3. Retirez la volaille. Passez le jus de cuisson et pochez dans ce dernier les quenelles de volaille 3 à 5 minutes. Ajoutez également les champignons de Paris lavés et coupés en 4, ainsi que les truffes hachées et le jambon coupé en fines lanières. Liez la sauce avec le beurre frais. Rectifiez l'assaisonnement et déglacez le cas échéant avec le porto. Nappez le chapon de cette sauce et servez.

CANETON À L'ORANGE (OU À LA BIGARADE) ET AU GRAND-MARNIER

1 caneton d'1 kg 200 environ, 4 oranges (ou 4 bigarades si vous parvenez à en trouver), 2 citrons, 2 dl de fond de veau (ou de volaille), Grand-Marnier, huile, sel, poivre.

Le caneton à l'orange ou à la bigarade peut se servir poêlé ou braisé, mais il est le plus souvent servi rôti.

1. Rôtissez classiquement le caneton au four (th. 8) entre 45 minutes et 1 heure 30 selon la cuisson désirée, et dégraissez au maximum le plat de cuisson.

2. Coupez les zestes des oranges et des citrons en fine julienne. Blanchissez-les, puis faites-les confire dans le jus des oranges.

3. Pendant ce temps, découpez la volaille en 8 morceaux, et réservez-la. Faites revenir la carcasse à

N.B. : Le chapon est un jeune coq châtré que l'on engraisse pour le rendre plus savoureux. On le trouve principalement au moment des fêtes de fin d'année. Vous pouvez accompagner ce plat de légumes verts de saison, de haricots coco ou de salsifis.

CUISSES DE POULET À LA DIABLE

4 belles cuisses de poulet fermier, 1 dl de vin blanc sec, 0,5 dl de vinaigre de vin, 1 échalote hachée, 2 dl de fond de veau, 2 belles tomates, 100 g de beurre, quelques feuilles d'estragon haché, 1 cuillerée à café de poivre mignonnette, beurre, huile d'arachide, sel.

1. Rôtissez au four (th. 7) les cuisses de poulet salées, poivrées et recouvertes d'un trait d'huile, pendant environ 20 minutes (jusqu'à ce que la peau soit croustillante).

2. Pendant ce temps, confectionnez la sauce en faisant réduire le vinaigre, le vin blanc, le poivre et l'échalote hachée à feu doux. Après totale réduction, mouillez avec le fond de veau et laissez cuire 3 à 4 minutes. Ajoutez alors l'estragon haché, puis montez avec le beurre et rectifiez l'assaisonnement.

3. Pendant ce temps, mondez, épépinez les tomates et taillez-les en bâtonnets, que vous ferez revenir légèrement dans du beurre.

4. Disposez les cuisses sur un plat, garnissez-les avec les bâtonnets de tomates, puis nappez de la sauce. Servez chaud.

N.B. : Vous pouvez servir ce plat accompagné de pommes soufflées et de salade de cresson.

JULES GOUFFÉ, *Le Livre de cuisine*, galantine de dinde sur socle. Peinture d'Eugène Ronjat, lithographie de Painlevé.

PIGEONS ARGENTEUIL

(photo page suivante)

4 pigeons de 200 à 300 g chacun, que votre volailler aura vidés et « troussés en entrée » (avec les pattes rentrées en dedans), 1 kg de pointes d'asperges, 125 g de crème double, sel, poivre. POUR LA GARNITURE AROMATIQUE : 1 bouquet garni (queues de persil, thym, laurier, branche de céleri), 2 carottes épluchées et coupées en brunoise (tout petits dés de 2 mm sur 2 environ), 1 oignon épluché et coupé en brunoise.

1. Épluchez les asperges en ne gardant que les pointes (les tiges peuvent être utilisées pour une autre recette, par exemple un velouté d'asperges).

2. Mettez à revenir les pigeons dans une sauteuse avec un peu de beurre. Dorez-les sur chaque face, puis ajoutez la garniture aromatique et mettez

à cuire au four (th. 7) pendant 15 minutes si vous souhaitez les pigeons rosés (ou plus longtemps si vous les aimez plus fondants).

3. Sortez les pigeons du four, débarrassez-les et réservez-les dans un plat chaud.

4. Mettez à cuire les pointes d'asperges quelques minutes dans de l'eau bouillante salée, puis rafraîchissez-les à l'eau courante.

5. Reprenez le plat de cuisson des pigeons, dégraissez-le au maximum puis déglacez avec un verre d'eau et filtrez le jus. Ajoutez la crème, rectifiez l'assaisonnement, et laissez réduire à feu doux jusqu'à ce que vous obteniez l'épaississement souhaité. Incorporez alors les pointes d'asperges, rectifiez l'assaisonnement, et nappez les pigeons de cette sauce. Servez.

N.B. : Vous pouvez servir ce plat accompagné de laitue cuite longuement (juste blanchie), puis revenue dans du beurre et un peu de jus de viande.

POULARDE VALENTINO

1 poularde de 1,8 kg environ, 125 g de chair de volaille, 125 g de crème double, 4 blancs d'œufs, 3 dl de fond de volaille, sel, poivre. POUR LA FARCE : 100 g de champignons de Paris, 100 g de truffes, 2 langues écarlates, beurre. POUR LA SAUCE SUPRÊME : 50 g de farine, 50 g de beurre, 3 cuillerées à soupe de crème double, sel, poivre.

1. Préparez d'abord une mousseline de volaille en mélangeant au mixer (cutter) les 125 g de chair de volaille préalablement pilés, la crème double et 3 blancs d'œufs. Passez au tamis, puis incorporez le quatrième blanc d'œuf battu en neige. Salez, poivrez et réservez au frais.

2. Préparez ensuite la farce : lavez et blanchissez les champignons de Paris, émincez-les, puis poêlez-les rapidement dans un peu de beurre. Coupez les truffes et les langues écarlates en julienne, et réservez-en la moitié pour le décor. Incorporez l'autre

CI-CONTRE
L'asperge, vers 1880.
Paris, musée d'Orsay.

PAGE DE GAUCHE
Pigeons Argenteuil, recette
page 169.

moitié ainsi que les champignons de Paris à la mousseline, et rectifiez l'assaisonnement.

3. Garnissez l'intérieur de la poularde avec cette farce. Bridez-la, puis mettez-la à rôtir au four (th. 7) dans une cocotte contenant du beurre (ou un trait d'huile), pendant environ 25 minutes. Arrosez très fréquemment avec le fond de volaille.

4. Lorsque la volaille est cuite, réservez-la au chaud. Préparez un roux en mélangeant dans une casserole le beurre et la farine, que vous mouillerez ensuite avec le jus de cuisson. Laissez cuire 5 bonnes minutes à feu moyen, puis ajoutez la crème double et rectifiez l'assaisonnement.

5. Dressez la poularde dans un plat, nappez-la de sauce suprême bien chaude, et décorez avec la julienne de truffes, champignons et langues écarlates que vous avez réservée. Servez avec le reste de sauce suprême en saucière.

N.B. : Ce plat se sert généralement accompagné de riz, mais vous pouvez aussi servir des fonds d'artichauts garnis d'une purée de champignons de Paris.

POULET SAUTÉ DEMIDOFF

1 beau poulet (1,6 kg environ), 100 g de jambon cru taillé en fine julienne (minces lanières), 150 g de beurre, 150 g de riz, 150 g de carottes coupées en dés assez fins, 150 g de gros oignons blancs coupés en dés, 150 g de tomates (mondées, épépinées et coupées en petits dés), 1 dl de vin blanc sec, 1/2 l de bouillon de volaille, 1 cuillerée à soupe de jus de viande réduit, huile d'olive, sel, poivre de Cayenne.

1. Découpez le poulet en 4. Désossez le haut des cuisses en gardant le pilon, puis prenez la peau et piquez-la avec l'os du pilon de façon à donner la forme d'une belle poire. Procédez de même pour les ailes.

2. Dans une cocotte, faites revenir les morceaux de volaille dans l'huile d'olive sans trop de coloration. Ajoutez alors les oignons, les carottes et les tomates, puis déglacez au vin blanc et ajoutez le bouillon de volaille ainsi que le jus de viande. Rectifiez l'assaisonnement.

3. Laissez cuire à couvert 1/4 d'heure à feu moyen, puis ajoutez le riz et laissez cuire à nouveau

1/4 d'heure. Ajoutez ensuite le beurre en petits morceaux et le jambon. Laissez à couvert pour terminer la cuisson jusqu'à ce que le riz soit fondant. Dressez le riz et les légumes au fond d'un plat creux, disposez par-dessus les 4 morceaux de poulet, nappez avec le jus de cuisson, et servez.

POULET SAUTÉ PÈRE LATHUILLE

Cette manière d'apprêter le poulet, qui a pris le nom du célèbre restaurant parisien dans lequel elle fut créée, est très appréciée des gourmets. Aussi la voit-on toujours figurer sur la carte des restaurants, même les plus renommés.

1 poulet fermier d'1 kg 6 environ que vous ferez couper en 8 morceaux par votre volailler (demandez-lui les ailerons et le cou), 24 petites pommes de terre épluchées en forme de grosses gousses d'ail un peu allongées, 8 fonds d'artichauts coupés en 4, 1 oignon moyen haché, 2 gros oignons blancs, 2 gousses d'ail épluchées et écrasées, 1 verre de jus de volaille, 1/2 verre de vin blanc sec, 1 bouquet garni (queues de persil, thym, laurier, branche de céleri), 1 botte de persil haché, farine, huile d'olive, paprika, sel, poivre.

1. Dans une cocotte, faites revenir à l'huile d'olive les morceaux de poulet. Ajoutez l'oignon haché, les gousses d'ail, le vin blanc, le jus de volaille et le bouquet garni, salez, poivrez, puis laissez cuire 15 minutes à feu doux.

2. Pendant ce temps, blanchissez les pommes de terre puis faites-les revenir dans un peu d'huile d'olive. Ajoutez les fonds d'artichauts et laissez rissoler le tout 5 à 8 minutes à feu doux. Versez ensuite cette préparation dans la cocotte contenant le poulet et sa garniture aromatique en prenant soin d'enlever le bouquet garni. Laissez cuire quelques minutes toujours à feu doux.

3. Épluchez les oignons blancs puis découpez-les en rondelles que vous passerez dans la farine avant de les plonger dans une friture très chaude. Retirez-les au bout d'1 minute lorsqu'ils ont pris une belle couleur dorée.

4. Au milieu d'un plat rond bien chaud, dressez les morceaux de poulet en pyramide et rangez tout autour par bouquets les fonds d'artichauts, pommes de terre et anneaux d'oignons frits. Nappez de sauce le poulet et parsemez-le de persil haché. Servez.

RISSOLES DE VOLAILLE

250 g de pâte feuilletée, 1 jaune d'œuf battu. POUR LA FARCE : 2 dl de fond blanc de volaille, 150 g de champignons de Paris, 150 g de crêtes de coq, 100 g de rognons de coq, 100 g de blancs de volaille, 50 g de foies de volaille, 1 belle truffe (facultatif), 2 cuillerées à soupe de jus de truffes, 100 g de crème fraîche, 50 g de beurre, 50 g de farine, sel, poivre, muscade. POUR LA SAUCE : 2 dl porto, 1 dl de fond de volaille, 2 cuillerées à soupe de jus de truffe, 50 g de beurre, sel, poivre.

1. Faites réduire de moitié les 2 dl de fond de volaille, puis ajoutez la crème fraîche et faites réduire à nouveau, de façon à revenir au même niveau qu'après la première réduction. Pendant ce temps, préparez un roux en mélangeant à feu doux les 50 g de beurre et la farine. Versez alors le velouté sur le roux, puis rectifiez l'assaisonnement (sel, poivre, muscade). Ajoutez le jus de truffes et réservez cette sauce.

2. Faites successivement revenir dans une poêle contenant du beurre les champignons de Paris lavés et émincés, puis les blancs de volaille taillés en petits dés, les crêtes et les rognons de coq, ainsi que les foies de volaille. Assaisonnez, puis égouttez l'ensemble de ces éléments jusqu'à complet refroidissement.

3. Réunissez-les alors dans un bol avec le velouté lié, et mélangez très délicatement. Rectifiez l'assaisonnement.

Poulet sauté Père Lathuille (recette page 172) et crêtes de coq à l'aurore.

4. Étalez la pâte feuilletée et détaillez des ronds (le diamètre n'a pas d'importance) de 2 à 3 mm d'épaisseur. À l'aide d'un pinceau trempé dans de l'eau, mouillez le bord intérieur des ronds de pâte, puis disposez de la farce dans un demi-rond, ajoutez le cas échéant une lamelle de truffe, puis rabattez l'autre partie de la pâte afin de former des petits chaussons. Dorez avec un jaune d'œuf battu, et cuisez ces rissoles au four préchauffé (th. 7) pendant 10 à 15 minutes, jusqu'à ce que le feuilletage soit levé et bien doré.

5. Pendant la cuisson, faites réduire à feu doux le porto avec le fond de volaille et le jus de truffes, jusqu'à l'obtention d'environ 8 cuillerées à soupe de liquide. Montez légèrement avec le beurre et rectifiez l'assaisonnement. Disposez les rissoles sur un plat, nappez de sauce bien chaude et servez.

N.B. : Ce plat peut être accompagné d'une belle salade de jardin, et être servi en entrée, ou en plat du soir l'été. Pour les rissoles, vous pouvez tout aussi bien utiliser une pâte briochée, ou encore des feuilles de bricks.

CRÊTES DE COQ À L'AURORE

Il s'agit là d'un mets très apprécié à l'époque.

12 belles crêtes de coq, 2 belles truffes, 8 rognons de coq très frais, 1 dl de madère (ou porto), 0,5 dl de fond de veau, 2 cuillerées à soupe de crème double, beurre, paprika, sel, poivre. POUR LE BLANC : 2 litres d'eau, 1 cuillerée à soupe de farine, le jus de 2 citrons, 1 pincée de gros sel.

1. Cuisez les crêtes environ 1 heure (vérifiez en coupant l'une des crêtes) dans le blanc, puis mettez-les dans une sauteuse avec les truffes coupées en fines lamelles.

2. Faites également rissoler au beurre les rognons, puis déglacez-les avec le madère et ajoutez le fond de veau. Couvrez et laissez cuire 2 à 3 minutes à feu moyen, avant d'ajouter la crème et une pointe de paprika (ne faites pas trop cuire, cela nuirait à la tendreté des abats). Rectifiez l'assaisonnement. Dressez dans un bol chaud avec du riz pilaf. Servez.

DESSERTS

BOCAUX DE FRUITS À L'EAU-DE-VIE

Cerises, poires entières (Guyot ou William), prunes blanches, prunes rouges (ou quetsches), mirabelles, eau de vie à liqueur, sucre en morceaux (4 à 5 par litre d'eau de vie), gousses de vanille, cannelle ou menthe selon les fruits et votre goût (facultatif).

Pour confectionner ces bocaux, choisissez de très beaux fruits non tachés et d'excellente qualité.

1. Essuyez-les bien ou lavez-les si nécessaire.

2. Disposez soigneusement les fruits dans les bocaux jusqu'en haut, et versez par-dessus l'eau-de-vie dans laquelle vous aurez fait fondre le sucre.

3. Ajoutez la vanille si vous le souhaitez puis fermez hermétiquement les bocaux et laissez le temps faire le reste... Plus les fruits resteront dans les bocaux, meilleure sera l'eau-de-vie. Attendez au moins une année.

BRIOCHE FLEURIE

(photo page de droite)

250 g de farine, 125 g de beurre, 35 g de sucre en poudre, 12 g de levure de boulanger, un peu de lait, 5 g de sel, 3 œufs + 1 œuf battu (pour dorer la pâte).

1. Dans un bol mixer ou un saladier, mélangez la farine, le sucre et le sel. Délayez la levure dans un peu de lait tiède, puis ajoutez-la dans le bol avec le beurre légèrement ramolli. Travaillez cette pâte une première fois, puis incorporez les œufs un par un. Travaillez à nouveau la pâte (pas plus de 2 minutes), puis disposez-la dans un moule préalablement beurré, en prenant soin d'en réserver une petite partie pour confectionner la « tête » de la brioche.

2. Laissez reposer la pâte à température ambiante pendant environ 2 heures (elle doit doubler de volume).

3. Au bout de ce temps, dorez légèrement la brioche avec l'œuf battu, ajoutez-lui sa « tête » puis cuisez-la dans un four préalablement chauffé (th. 7) pas plus d'1/4 d'heure. Laissez refroidir et servez.

N.B. : Vous pouvez accompagner cette brioche de compote de fruits ou encore de marmelade. Cette brioche doit son nom à la rose blanche bien ouverte que l'on ajoutait au moment de servir.

CHEVEUX D'ANGE

On désigne sous ce nom bizarre une sorte de confiture de ménage d'une remarquable délicatesse, que l'on peut confectionner le plus simplement du monde et relativement vite.

Oranges, citrons, sucre en poudre.

Le poids de sucre en poudre doit être équivalent au poids du jus des oranges et des citrons.

1. Découpez en filets très déliés (c'est-à-dire suffisamment longs, mais aussi fins que possible) les écorces des oranges et des citrons.

2. Faites-les blanchir une première fois, puis cuisez-les dans un peu d'eau jusqu'à complète évaporation.

3. Ajoutez alors le jus des fruits et leur équivalent en poids de sucre. Remuez bien le mélange et laissez cuire à feu doux jusqu'à obtention d'une confiture (le temps de cuisson varie en fonction de la quantité de jus de fruits). Prenez soin de remuer souvent afin que la préparation n'attache pas et donc ne roussisse pas : tout le charme de cette confiture réside dans sa transparence.

COMPOTE DE FRUITS MÊLÉS AU VIN DE CHAMPAGNE

2 poires (les meilleures selon la saison), 2 pommes (idem), 1 ananas moyen, 8 prunes rouges (quetsches si possible), 2 oranges, 1/2 bouteille de champagne, 500 g de sucre en poudre.

1. Coupez les poires en quatre, épluchez-les, et placez-les dans un poêlon contenant un sirop que vous obtiendrez en mélangeant 1/2 l d'eau et le sucre en poudre. Portez à ébullition, laissez cuire 10 minutes à feu doux, puis réservez les fruits.

2. Épluchez les pommes, coupez-les en 4, puis cuisez-les dans le sirop des poires et réservez-les. Faites ensuite de même avec l'ananas coupé en petits morceaux et les prunes coupées en deux.

3. Pelez les oranges à vif, coupez-les en quartiers et réservez-les.

4. Disposez soigneusement tous les fruits égouttés dans une coupe de cristal, en mariant les couleurs.

5. Ajoutez le champagne au sirop de cuisson, et versez ce mélange sur les fruits au moment de servir. Servez très frais.

CONFITURES D'ORANGES OU DE CITRONS

12 oranges (ou 12 citrons), sucre en poudre (le même poids que les fruits), 4 cuillerées à soupe de rhum pour la confiture de citrons, ou 4 cuillerées à soupe de Grand-Marnier pour les oranges.

1. Piquez avec une fourchette l'écorce des fruits de votre choix, puis placez-les dans de l'eau froide que vous renouvellerez matin et soir pendant 4 jours.

2. Au bout de ce temps, coupez les fruits avec leur écorce en tranches très fines et régulières d'1/2 cm, et épépinez-les.

3. Pesez les fruits et préparez un sirop avec leur poids en sucre et moitié moins d'eau. Mettez ce

sirop à cuire, et jetez-y les fruits dès le début de l'ébullition. Laissez cuire à feu doux : la confiture est prête lorsqu'elle se met à perler. Avant la fin de la cuisson, ajoutez le rhum ou le Grand-Marnier. Mettez en pots et servez froid.

CRÊPES GIL BLAS ET SUZETTE AU GRAND-MARNIER

125 g de farine, 40 g de sucre en poudre, 2 œufs, 2 dl de lait (ou 1dl de lait et 1 dl de bière), 40 g de beurre, 1 cl d'huile d'arachide, 1 pincée de sel. POUR LE BEURRE DE NOISETTE : 60 g de beurre, 40 g de sucre, 100 g de noisettes en poudre, le jus d'1/2 citron, un peu de fine champagne (selon votre goût). POUR LES CRÊPES SUZETTE : le jus d'1 orange, Grand-Marnier pour le flambage.

1. Mélangez le sel, le sucre et la farine dans un bol. Faites un creux au milieu et mettez-y les œufs entiers. Mélangez à l'aide d'un fouet avant d'incorporer petit à petit le lait (ou le lait et la bière si vous souhaitez une pâte plus légère) puis le beurre fondu.

2. Cuisez les crêpes dans une poêle avec l'huile d'arachide. Versez la pâte avec une petite louche de façon à bien recouvrir le fond de la poêle, puis retournez la crêpe lorsqu'elle a pris une légère coloration, et faites de même pour l'autre côté. Réservez ces crêpes au chaud sans les dessécher, en les mettant à four doux (th. 3) avec une assiette retournée par-dessus.

3. Confectionnez le beurre de noisette en mélangeant bien dans un bol le sucre, le beurre, les noisettes, le jus de citron et la fine champagne. Tartinez les crêpes de cette préparation et servez aussitôt.

CRÊPES SUZETTE

Pour obtenir des crêpes Suzette à partir de la recette précédente, il vous suffit de remplacer la fine champagne par du Grand-Marnier dans la préparation du beurre noisette, puis de cuire les crêpes nature pliées en 4 dans une poêle contenant le beurre noisette et le jus d'orange, en les laissant bien caraméliser. Flambez ensuite au Grand-Marnier et servez aussitôt.

CI-DESSUS
Punch glacé à l'orange et au Grand-Marnier (recette page 182).

PAGE DE GAUCHE
JULES GOUFFÉ, *Le Livre de cuisine.* Pommes à la parisienne (à gauche), macédoine de fruits (à droite). Peinture d'Eugène Ronjat, lithographie de Pralon.

GÂTEAU DE SAVOIE

125 g de sucre en poudre, 4 œufs, 100 g de farine, 50 g de fécule de pomme de terre, 15 g de beurre, 1 pincée de sel.

1. Prenez un moule à génoise, savoie ou manqué de 22 cm environ, enduisez-le de beurre puis saupoudrez-le de farine afin que le gâteau se démoule très facilement après la cuisson.

2. Dans une terrine, réunissez les jaunes d'œufs et le sucre, mélangez-les bien avec une spatule jusqu'à l'obtention d'un ruban jaune pâle, puis ajoutez la farine et le fécule de pomme de terre.

3. Montez les blancs en neige avec une pincée de sel, et ajoutez 10 g de sucre à la fin pour les garder bien fermes.

4. Incorporez les blancs en deux fois dans la pâte avec la spatule, en veillant bien à ne pas les casser. Versez ensuite cette préparation dans le moule, et cuisez à four préchauffé (th. 6) pendant 20 à 30 minutes. La cuisson se vérifie en enfonçant dans le gâteau la pointe d'un couteau, qui doit ressortir sèche et chaude.

MADELEINES
(photo ci-contre)

125 g de farine, 125 g de sucre semoule, 125 g de beurre, 4 œufs entiers, 1 cuillerée à café d'extrait de fleur d'oranger, 10 g de levure chimique, sel.

1. Dans une terrine, mélangez de façon homogène à l'aide d'un petit fouet, la farine, le sucre, la levure et une pincée de sel.

2. Ajoutez alors les œufs et la fleur d'oranger, puis le beurre petit à petit. La pâte doit former un ruban. Remplissez alors aux 2/3 des moules à madeleine préalablement beurrés, et cuisez immédiatement à four préchauffé (th. 7) pendant environ 20 minutes, puis laissez refroidir à l'air libre.

Ces madeleines accompagnent très bien le thé ou une glace.

OMELETTE SOUFFLÉE AU CITRON

6 œufs, 150 g de sucre en poudre, 2 citrons, 100 g de beurre, 1 cuillerée à soupe de crème fraîche.

1. Cassez les œufs en séparant bien les blancs des jaunes. Montez les blancs en neige bien serrée, et ajoutez 15 g de sucre à la fin.

2. Blanchissez les jaunes avec 100 g de sucre, ajoutez le zeste râpé d'un citron, puis mélangez les blancs et les jaunes en veillant à ce que la pâte reste ferme.

3. Beurrez un plat creux allant au four, et chemisez-le avec un peu de sucre. Versez la pâte en égalisant avec une spatule, saupoudrez avec le reste de sucre, et cuisez à four préchauffé (th. 6) pendant environ 10 minutes (vérifiez la cuisson avec une pointe de couteau).

4. Faites réduire le jus des deux citrons jusqu'à ce qu'il reste l'équivalent d'une cuillerée à soupe de liquide, puis montez avec les 100 g de beurre et ajoutez la crème fraîche. Sortez l'omelette du four, et juste avant de servir, versez dessus ce beurre de citron.

PÊCHES ESCOFFIER
(DITES MELBA)

4 belles pêches blanches, 250 g de sucre en poudre, 1 gousse de vanille, 250 g de framboises, 1/4 de l de glace vanille, le jus d'un citron ainsi que quelques zestes, 4 feuilles de menthe.

1. Mondez les pêches, coupez-les en deux, dénoyautez-les, puis pochez-les 10 minutes à léger frémissement dans un sirop léger composé de 200 g de sucre et 4 dl d'eau, auxquels vous ajouterez la gousse de vanille fendue en deux ainsi que le jus de citron et les zestes. Laissez refroidir dans le sirop.

2. Dans un bol, réunissez les framboises juste passées sous l'eau, et écrasez-les avec une fourchette tout en incorporant les 50 g de sucre restants.

3. Tapissez de glace vanille le fond de 4 coupes, disposez dans chacune 1/2 pêche, puis nappez les fruits de la purée de framboises fraîches, ajoutez un peu de sucre en poudre (vous pouvez éventuellement garnir les pêches d'un léger voile de sucre filé) et garnissez avec les feuilles de menthe.

POÊLÉE DE CERISES
AU GRAND-MARNIER
(photo page de droite)

600 g de cerises Burlat, 30 g de beurre, 50 g de sucre en poudre, quelques zestes d'orange confits (ou blanchis plusieurs fois à l'eau froide) taillés en fine julienne, 1 petit verre de Grand-Marnier.

1. Lavez et équeutez les cerises sans les dénoyauter.

2. Faites fondre dans une poêle (ou une sauteuse) le beurre et le sucre et ajoutez-y les cerises et les zestes d'orange. Laissez cuire à feu moyen cinq à dix minutes, puis flambez avec le Grand-Marnier. Répartissez ensuite les cerises dans 4 cassolettes ou assiettes creuses et servez.

On peut volontiers accompagner ce dessert d'une boule de glace.

PUNCH GLACÉ
À L'ORANGE
ET AU GRAND-MARNIER
(photo page 177)

1 kg d'oranges, 225 g de sucre en poudre, le jus d'un citron, 2 dl de Grand-Marnier, 1 verre de vin blanc sec. POUR LA MERINGUE ITALIENNE : 2 blancs d'œufs, 100 g de sucre en poudre.

1. Pelez les oranges, découpez-les en quartiers (il doit rester environ 500 g net de fruits), puis placez-les dans une terrine.

2. Préparez un sirop pesant 30° (vérifiez avec un pèse-sirop) avec 225 g d'eau et 225 g de sucre, et portez-le à ébullition avant de le verser sur les oranges.

3. Laissez refroidir, puis filtrez les fruits au sirop tout en les pressant de manière à obtenir le plus de jus possible. Ajoutez ensuite le jus de citron et le vin blanc jusqu'à ce que la composition ne marque plus que 16° au pèse-sirop. Versez dans une sorbetière et commencez la congélation.

4. Préparez alors la meringue italienne, que vous ajouterez lorsque le mélange sera à moitié pris. Battez les œufs en neige, puis cuisez le sucre au petit boulé (en prenant le sucre entre deux doigts mouillés à l'eau froide vous devez obtenir de petites boules) et incorporez-le aux œufs en mélangeant doucement.

5. Finissez la congélation, puis versez le Grand-Marnier et présentez ce punch glacé dans des verres à sorbet.

SALADE D'ORANGES
AU GRAND-MARNIER
(photo page de droite)

8 oranges, 160 g de sucre en poudre, 1 à 2 dl de Grand-Marnier.

1. Lavez les oranges puis coupez-les avec leurs écorces en tranches d'1/2 cm d'épaisseur.

2. Dressez les tranches dans un compotier, et saupoudrez-les avec le sucre. Laissez reposer une bonne heure, puis versez le Grand-Marnier. Servez frais avec quelques tuiles aux amandes.

Tarte aux abricots
(voir recette de la tarte
aux mirabelles, page 185).

SOUPE DE PÊCHES
AU VIN DE SAUTERNES
(photo pages 186-187)

4 pêches blanches, 4 pêches jaunes, 2 verres de vin de Sauternes, le jus d'1 citron. POUR LE SIROP : 50 g de sucre en poudre, 1 gousse de vanille.

1. Ébouillantez puis rafraîchissez les pêches. Pelez-les, dénoyautez-les, coupez-les en quartiers, et réservez-les au frais.

2. Faites un sirop léger avec le sucre et 1/2 verre d'eau. Portez à ébullition, puis ajoutez la vanille et stoppez la cuisson.

3. Dans une casserole, portez le vin à ébullition (vous pouvez éventuellement le flamber pour enlever l'alcool), ajoutez le sirop et le jus de citron, puis laissez refroidir. Ajoutez alors les pêches et laissez refroidir cette soupe de fruits au réfrigérateur avant de la servir, accompagnée si vous le souhaitez d'une quenelle de sorbet.

TARTE AUX MIRABELLES

300 g de mirabelles, 100 g de farine, 80 g de beurre, 60 g de sucre, 1 œuf, sel.

1. Mettez la farine en fontaine sur une planche à pâtisserie. Placez au centre l'œuf entier, 50 g de beurre et une pincée de sel. Malaxez cette pâte – ajoutez le cas échéant un peu d'eau – puis laissez-la reposer le temps de préparer les fruits.

2. Lavez, équeutez et dénoyautez les mirabelles et préchauffez votre four th. 7.

3. Étalez la pâte de manière à ce qu'elle soit la plus fine possible, puis disposez-la dans un moule à tarte en la piquant avec une fourchette. Disposez dessus les fruits en rosace sans hésiter à les serrer. Saupoudrez de sucre, ajoutez le restant de beurre coupé en petits morceaux, et enfournez pour 30 minutes de cuisson. Laissez refroidir et servez.

N.B. : Cette tarte peut également être confectionnée avec des abricots, des quetsches, etc.

TUILES AUX AMANDES
OU NOISETTES
Pour réaliser 32 petites tuiles.

100 g de sucre en poudre, 40 g d'amandes (ou noisettes) grillées, 2 blancs d'œufs, 40 g de farine, 25 g de beurre.

1. Mélangez dans une terrine le sucre et les blancs d'œufs, puis ajoutez-leur les amandes ainsi que la farine et le beurre fondu.

2. Beurrez légèrement les tôles à pâtisserie, et disposez dessus à intervalles réguliers le contenu d'une petite cuillerée à café de pâte.

3. Cuisez 5 minutes à four préchauffé (th. 7).

4. Retirez les tuiles lorsqu'elles sont cuites, et laissez-les refroidir sur un rouleau à pâtisserie pour leur donner la forme voulue.

REMERCIEMENTS

Sophie Monneret tient à remercier Jean-Louis Ferrier, Mme Chagnaud-Forain et Mme Florence Valdès-Forain, Antoine Blanchard, Jean-Paul Caracalla, Agnès Liebaert, Catherine Maneval, Gisèle Polaillon-Kerven.

Isabelle Hintzy tient à remercier tout particulièrement Louise De Nève et Patrice Jean-Baptiste pour leur aide tout au long de cet ouvrage ainsi que les personnes et sociétés ayant eu la gentillesse de prêter les objets et lieux pour les photographies :
la porcelaine de l'ancienne manufacture royale pour Bernardaud, 75008 Paris ; l'argenterie ancienne de l'Argenterie des Francs-Bourgeois, 75004 Paris ; les antiquités d'Au Bon Usage, Saint-Paul, 75004 Paris ; la Brocante du puceron chineur, Saint-Paul, 75004 Paris ; les étoffes anciennes d'Au Fil du temps, 75007 Paris ; la cristallerie de Baccarat, 75004 Paris ; les objets de la maison de B. Carant pour Florent Monestier, 75007 Paris ; les arts de la table de Dîner en ville, 75007 Paris ; la verrerie de Foncegrive, 75010 Paris ; la dentelle de Francine, 75004 Paris ; les curiosités de la galerie Saint-Florentin, 75008 Paris ; les arts de la table d'Histoire de Tables, Saint-Paul, 75004 Paris ; les fleurs de Liliane François, 75007 Paris ; la porcelaine de la manufacture de Lunéville-Sarreguemines, 75010 Paris ; les rubans de Mokuba, 75001 Paris ; les nappes et serviettes de Muriel Grateau, Palais-Royal, 75001 Paris ; les bijoux et objets de la Réunion des Musées Nationaux, le Louvre, 75001 Paris ; la faïence de Ségriés, 75006 Paris ; les accessoires anciens du Temps retrouvé, 75001 Paris ;
Mme et M. Meyer, Mme et M. Monneret, M. Michel Munz pour leur accueil éclairé et chaleureux ; ainsi que le château-musée d'Auvers-sur-Oise, la ville de Boulogne-sur-Mer, le musée de la Vie Romantique, 75009 Paris ; Michèle Thery à l'Assemblée Nationale et le personnel de l'hôtel de Lassaye ; enfin, les restaurants : Chez Pauline, 75002 Paris, La Grande Cascade, 75016 Paris, Le Grand-Véfour, 75001 Paris.

TABLE DES RECETTES

TABLE DES ŒUVRES CITÉES[1]

[1] Les numéros en italiques renvoient aux illustrations

BIBLIOGRAPHIE

Aron, Jean-Paul, *Le Mangeur au XIXᵉ siècle*, Denoël Gonthier, 1976

Baudelaire, Charles, *Correspondance*, Gallimard, Bibliothèque de La Pléiade, 1973

Baudelaire, Charles, *Lettres à*, A La Baconnière, Neuchâtel

Besset, Jules, *L'Art culinaire*, Albi 1877

Blanche, Jacques Émile, *La Pêche aux souvenirs*, Flammarion, 1949

Cachin, Françoise, *Manet*, Le Chêne, 1990

Cachin, Françoise, Coffin Hanson, Anne, Moffett, Charles S., Becker, Colette, Wilson Barreau, Juliet, *Catalogue de l'exposition Manet Paris et New York*, Musées nationaux, 1993

Chabrier, Emmanuel, *Correspondance*, Klincksieck, 1994

Colomer, Claude, *Ernest Cabaner*, C.R.E.C. Centre de Recherche d'Études Catalanes, 1993

Cros, Charles, *Œuvres complètes*, Club des libraires de France

Daix, Pierre, *La Vie de peintre d'Édouard Manet*, Fayard, 1983

Darragon, Éric, *Manet*, Librairie Arthème Fayard, 1989

Duret, Théodore, *Histoire d'Édouard Manet et de son œuvre*, Floury, 1906

Fosca, François, *Histoire des cafés de Paris*, Firmin Didot, 1935

Goncourt, *Journal des*, Fasquelle et Flammarion, 1959

Gouffé, Jules, *Le Livre de cuisine*, Hachette et compagnie, 1867

Langle, Henri Melchior de, *Le Petit Monde des débits et des cafés parisiens au XIXᵉ siècle*, Presses universitaires de France, 1990

Mallarmé, Stéphane, *Correspondance complète*, Gallimard, 1959-1985

Mallarmé, Stéphane, *Lettres à Méry Laurent établi par Bertrand Marchal*, Gallimard, 1996

Mallarmé, Stéphane, *Œuvres complètes*, Gallimard, Bibliothèque de La Pléiade

Maupassant, Guy de, *Œuvres complètes*, Gallimard, Bibliothèque de La Pléiade

Moreau-Nélaton, *Manet raconté par lui-même*, 1926

Oster, Daniel et Goulemot, Jean, *La Vie parisienne*, Sand Conti, 1989

Perruchot, Henri, *La Vie de Manet*, Hachette 1959

Pichois, Claude, *Poulet-Malassis, l'éditeur de Baudelaire*, Fayard, 1996

Rimbaud, Arthur, *Œuvres Complètes*, Gallimard, Bibliothèque de La Pléiade

Schneider, Pierre, *Manet et son temps*, Time Life

Tabarant, Adolphe, *Manet et ses œuvres*, Gallimard, 1947

Tabarant, Adolphe, *Une correspondance inédite d'Édouard Manet, lettres au siège de Paris*, Mercure de France, 1935

Valdès-Forain, Florence et Chagnaud-Forain, Janine, *Jean-Louis Forain ; les Années impressionnistes*, Catalogue d'exposition, 1996

Verlaine, Paul, *Œuvres en prose complètes*, Gallimard, Bibliothèque de La Pléiade, 1972

Villiers de L'Isle-Adam, Auguste, *Correspondance générale*, Mercure de France, 1962

Wildenstein, Daniel et Rouart, Denis, *Manet, Catalogue raisonné*, La Bibliothèque des Arts, 1975

Zeldin, Théodore, *Histoire des passions françaises*, Le Seuil, 1980-1981

Zola, Émile, *Carnets d'enquêtes présentés par Henri Mitterand*, Plon, 1986

Zola, Émile, *Œuvres Complètes*, Cercle du Livre Précieux, 1959

CRÉDITS PHOTOGRAPHIQUES

Responsable éditorial
PHILIPPE PIERRELÉE

Édition
CÉCILE AOUSTIN

Responsable artistique
SABINE BÜCHSENSCHÜTZ

Photogravure : Intégral Graphic, à Paris
Imprimé en Italie par Canale, à Turin
Dépôt légal : 8362 – novembre 1996
2.84277.015.3
34/1177/4